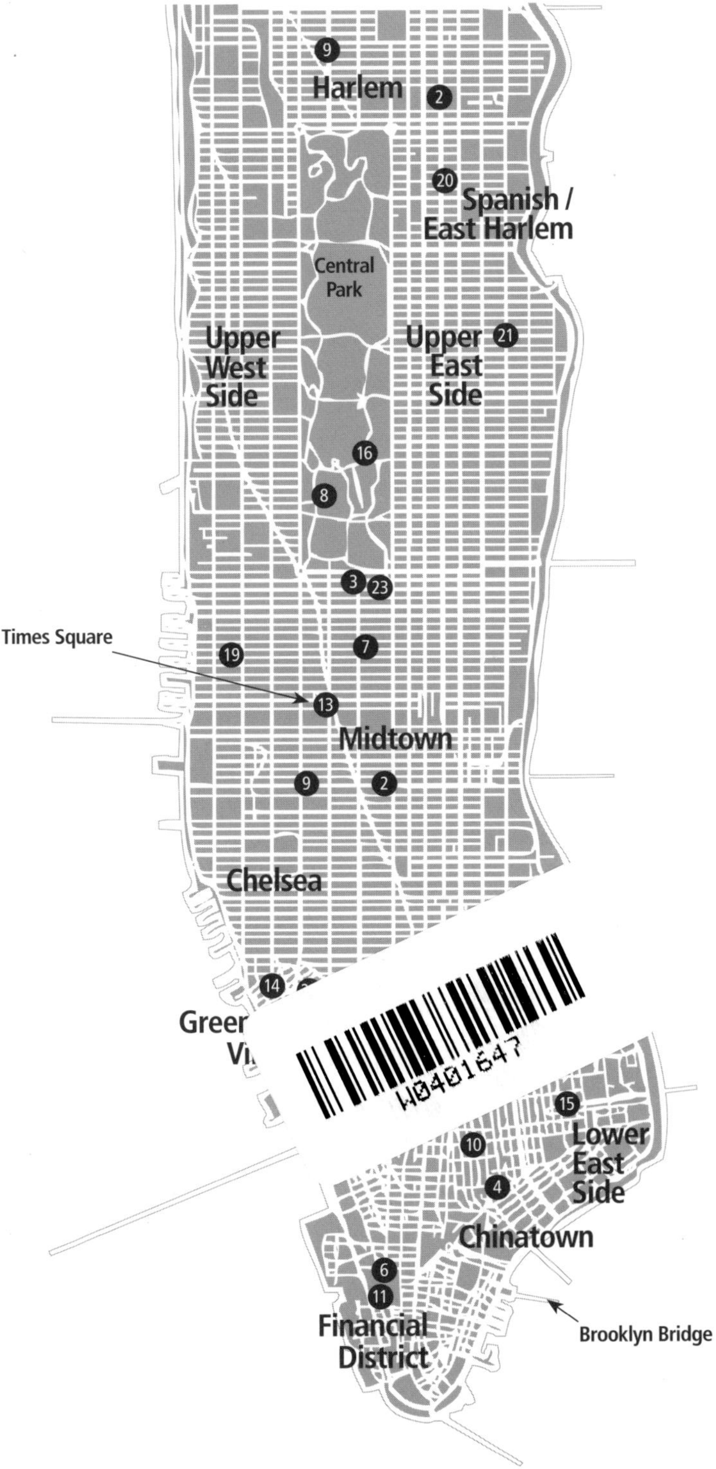
Harlem
Spanish / East Harlem
Central Park
Upper West Side
Upper East Side
Times Square
Midtown
Chelsea
Lower East Side
Chinatown
Financial District
Brooklyn Bridge

SVLTO

Von der Bronx bis Staten Island, von Greenwich Village bis Rockaway Beach – ganz New York in einem *SVLTO!* Sofa- und Subway-tauglich.

Helene Hanff verbringt den Sommer im Central Park, Teju Cole spaziert durch Chinatown, Maeve Brennan kann mit der Sixth Avenue nichts anfangen (außer bei Schnee), Piri Thomas behauptet sich in Spanish Harlem, Andy Warhol staunt über Bäume in Manhattan, Paul Auster über eine Straßenkreuzung in Brooklyn Heights, Dinaw Mengestu findet in Brooklyn zwischen Pakistanern ein Zuhause, Suketu Mehta nimmt ein Stück Bombay mit nach Queens, und Eliot Weinberger träumt gar von den Vereinigten Staaten von New York ...

New York, diese »wunderbare Katastrophe« (Le Corbusier), hat eine unendliche Vielfalt von Gesichtern, und viele davon sind hier versammelt – für New-York-Süchtige und -Sehnsüchtige.

Auftakt

Eliot Weinberger

Die vereinigten Staaten von New York

Das erste, was einem Ausländer in New York auffällt, ist, dass jeder ein Ausländer ist. Beinahe die Hälfte der Einwohner wurde in einem anderen Land geboren, und man könnte meinen, der Rest – mich eingenommen – bestehe aus ihren Kindern. In Queens gibt es eine Schule, an der Elternbriefe in 62 Sprachen verschickt werden müssen; offizielle Dokumente der Stadtverwaltung werden in 110 Sprachen veröffentlicht. Ob Sie aus dem Jemen stammen und für eine Hochzeit traditionelle Musiker brauchen oder aus Ecuador und mittags Lust auf gegrilltes Meerschweinchen haben oder aus Haiti und im Krankheitsfall auf Voodoo schwören – all das ist jederzeit problemlos zu haben.

In New York gibt es keine Ausländer, wohl aber *Insider* und *Outsider*. Es ist eine Stadt des beständigen Wandels: Anders als in europäischen Städten gibt es das charmante Bistro, wo Sie bei Ihrem letzten Besuch vor zehn Jahren gegessen haben, heute ganz sicher nicht mehr. Was die New Yorker über ihre unzähligen nationalen Wurzeln und kulturellen Gepflogenheiten hinweg vereint, ist eine pedantische Obsession mit den neuesten Informationen, die sie mit Vergnügen und pädagogischer Überlegenheit weitergeben. Eine typische Unterhaltung in New York geht so: »Oh, du isst *banh mi* noch bei X? Bei Y, diesem neuen Restaurant, sind sie viel pikanter.« (Ein New Yorker weiß natürlich, dass *banh mi* vietnamesische Sandwiches sind.) Nicht selten kommt es vor, dass eine Frau eine andere auf der Straße anspricht und sie fragt, wo sie ihre Schuhe oder die Handtasche gekauft hat. Zwei Zeitschriften, *New York* und *Time Out*, sind wöchentliche Enzyklopädien der angesagtesten Läden, der angesagtes-

NEW YORK

Eine literarische Einladung

Herausgegeben von
Beatrice Faßbender

Verlag Klaus Wagenbach Berlin

ten Restaurants, des angesagtesten Was-auch-immer, das der informierte New Yorker kennen sollte – Informationen, die einen Monat später wohl schon wieder veraltet sind. (Auch hat all dies, wie man erwarten könnte, nichts mit Klasse zu tun: Jeder Mexikaner hat einen Taco-Stand, den er verteidigt, und die Chinesen sind die vielleicht wählerischsten Kunden von allen.)

Es ist eine Stadt des beständigen Wandels. Ich wurde in einem Krankenhaus in Uptown Manhattan geboren, das es selbstverständlich nicht mehr gibt, doch seit vierzig Jahren wohne ich in einem Umkreis von drei Straßenblocks in Greenwich Village. Auch wenn die meisten Gebäude unverändert sind – das Village wird als »Historisches Viertel« erhalten –, ist aus der Zeit, als ich hier ankam, beinahe nichts geblieben. Damals bestand die Gegend aus einer Mischung von alten italienischen und portugiesischen Immigrantenfamilien, Schwulen, arbeitslosen Schauspielern und erfolglosen Schriftstellern. Um acht Uhr morgens waren die Straßen leergefegt, aber gegen elf drängten sich die Leute in den Cafés, frühstückten, lasen Thomas Mann oder *Backstage*, das Fachblatt der Theaterbranche. Abgesehen von Veteranen wie mir selbst – wir nicken einander zu wie Überlebende eines Schiffbruchs –, wurden die meisten dieser *Villagers* von den steigenden Mieten und der AIDS-Epidemie in den achtziger Jahren vertrieben. Heute ist das Viertel in den Händen von Hedgefonds-Managern, Medien- und Werbeleuten, diversen Filmstars und Supermodels. Morgens und abends gehen die Leute sogar scharenweise im Berufsverkehr zur Arbeit! Und tagsüber brechen Touristen über die Haute-Couture-Tempel herein, die die kleinen Lebensmittelläden und die verstaubten Antiquitätengeschäfte ersetzt haben.

Was sich in New York allerdings niemals ändert, ist die Infrastruktur. Besucher kommen dahinter, sobald sie auf dem Kennedy-Flughafen landen. Während die Privatwirtschaft ihre Reichtümer anhäuft und zur Schau stellt, fällt die Gemeinwirtschaft immer mehr in sich zusammen. Früher witzelten wir, JFK sei wie ein Dritte-Welt-Flughafen, heute jedoch sind die meisten Flughäfen in der Dritten Welt wesentlich moderner.

New Yorks eisige Vorortzüge, kraterübersäte Straßen und U-Bahnhöfe, die aussehen wie ihre Herrentoiletten, sind das Ergebnis zweier unglücklicher geografischer Gegebenheiten. Zum einen ist die Stadt Teil des Staates New York, einer Region, die größer ist als Griechenland und hauptsächlich aus verrosteten Fabrikstädten und Ackerland besteht. Der Reichtum der Stadt fließt in Form von Steuern in den Staat, aber die Abgeordneten in der Hauptstadt Albany geben das Geld lieber für die Entwicklung ihrer eigenen Landkreise aus.

Zum anderen, und das ist noch schlimmer, befindet sich New York City bedauerlicherweise in den Vereinigten Staaten von Amerika. Die Mehrheit der New Yorker ist bei so gut wie jedem Thema anderer Meinung als die Mehrheit der Amerikaner, und viele Amerikaner – insbesondere diejenigen, die in den Kongress gewählt wurden – tragen ihre Abscheu gegen das »elitäre« New York gern lautstark vor sich her. Für kurze Zeit änderte sich diese Haltung nach dem 11. September, als man jenseits des Hudson River begriff, dass New York City nicht nur aus schwulen Modedesignern und kokainbenebelten Debütantinnen bestand, die in den Clubs die Nächte durchmachten, dass hier tatsächlich arbeitende Menschen und Familien mit Kindern wohnten. Doch leider waren es kurze Flitterwochen, und wieder fließen die Steuergelder hinaus, aber nur sehr wenig kommt zurück. Einige von uns träumen von Sezession, von New York als Stadtstaat, wie Singapur. Ein Stadtstaat allerdings, wo Kaugummi, anders als in Singapur, nicht nur erlaubt, sondern mit Gewürzen und Aromen aus hundert Nationen zu haben sein wird.

Inhalt

Andy Warhol
New York von A bis B und zurück

Ein Grund, warum ich die Stadt lieber als das Land mag, ist der, dass in der Stadt alles auf Arbeiten programmiert ist, während auf dem Lande alles auf Entspannen programmiert ist. Mir ist Arbeiten lieber als Entspannen. In der Stadt leisten sogar die Parkbäume Schwerarbeit, weil die Zahl der Menschen, für die sie Sauerstoff und Chlorophyll produzieren müssen, geradezu schwindelerregend ist. Wenn du in Kanada leben würdest, hättest du vielleicht eine Million Bäume, die für dich ganz allein Sauerstoff produzieren, also arbeitet keiner der Bäume dort allzu schwer. Ein Baum in einem Kübel auf dem Times Square muss dagegen den Sauerstoff für eine Million Leute produzieren. In New York musst du dich wirklich abplagen, und die Bäume wissen das auch – du brauchst sie dir nur anzusehen. Neulich ging ich die 57. Straße entlang und schaute mir auf der Straßenseite gegenüber das neue schräg nach oben laufende Solow-Gebäude an und lief dabei direkt gegen einen Pflanzkübel. Ich war völlig perplex, weil er einfach nicht wegzuschieben war. Ich bin eben über den Baum auf der 57. Straße gefallen, weil ich nicht darauf gefasst war, dass da einer stand.

Wenn ich in New York herumspaziere, bin ich mir immer bewusst, dass alles um mich herum einen Eigengeruch hat: die Gummimatten in den Bürohäusern; Polstersitze im Kino; Pizza; der Orange Julius; Espresso-Knoblauch-Oregano; Hamburger; Baumwoll-T-Shirts; das

Lebensmittelgeschäft gleich an der Ecke; feine Lebensmittelgeschäfte; Hot-Dog- und Sauerkraut-Imbisswagen; der Geruch vom Eisenwarengeschäft; der Geruch vom Schreibwarengeschäft; Souvlaki; Leder und Teppiche bei Dunhill, Mark Cross, Gucci; das gegerbte marokkanische Leder an den Straßenständen; neue Illustrierte, alte Illustrierte; Schreibmaschinengeschäfte; chinesische Importläden (der Modergeruch vom Frachter); indische Importläden; japanische Importläden; Schallplattengeschäfte; Reformhäuser; Drugstores mit Getränkeausschank; Discount-Drugstores; Friseurläden; Schönheitssalons; Delikatessgeschäfte; Holzmärkte; die Holzstühle und Tische in der City-Bibliothek; Nüsse, Brezeln, Kaugummi und Traubensaft in den U-Bahnen; Abteilungen mit Küchenartikeln; Fotolabors; Schuhgeschäfte; Fahrradgeschäfte; das Papier und die Druckerschwärze bei Scribner's, Brentano's, Doubleday's, Rizzoli, Marboro, Bookmasters, Barnes & Noble; Schuhputzerutensilien, Pfannkuchen, Pomade, der gute Geruch von billigem Zuckerzeug vor Woolworth und der Textilgeruch hinten drin; die Pferde am Plaza Hotel; Abgase von Bussen und Lastwagen; Blaupausen von Architektenplänen; Kreuzkümmel, Griechisch-Heu, Sojasoße, Zimt; gebackene Bananen; die Eisenbahnschienen vom Grand Central; der Bananengeruch von chemischen Reinigungen; die Abluft aus Waschküchen von Mietshäusern; East Side Bars (Cremelikör); West Side Bars (Schweiß); Zeitungsstände; Schallplattengeschäfte; Obststände zu jeder Saison – Erdbeeren, Wassermelonen, Pflaumen, Pfirsiche, Kiwis, Kirschen, Concord-Weintrauben, Tangerinen, Mangos, Ananas, Äpfel –, und ich mag es, wie der Geruch jeder Fruchtsorte in das rohe Holz der Obstkisten und in das seidene Einwickelpapier zieht.

Wenn du in New York City wohnst, ist das allein schon Grund genug, auf die Suche nach Resten und allen möglichen Ladenhütern zu gehen, die kein anderer sonst will. Du befindest dich hier zwangsläufig mit so vielen Leuten im Erwerbskampf, dass du einfach gezwungen bist, deinen Geschmack zu korrigieren und auf die Dinge zu konzentrieren, die die anderen nicht wollen – um überhaupt etwas zu bekommen. Bei schönem Wetter, wenn die Sonne scheint, sind zum Beispiel in New York so ungeheure Menschenmassen unterwegs, dass man vom Central Park gar nichts mehr sieht. Aber bei schlechtem Wetter, wenn es fürchterlich regnet und es dazu noch Sonntagmorgen in aller Herrgottsfrühe ist und kein Mensch aufstehen will oder zumindest keiner rausgehen will, selbst wenn er schon auf ist, dann kannst du rausgehen und überall herumspazieren, und du hast dann die Straßen ganz für dich allein. Einfach herrlich.

~

Manche sagen, Paris sei ästhetischer als New York. Nun ja ... In New York bleibt einem keine Zeit für Ästhetik, weil es einen halben Tag dauert, bis man in die Innenstadt kommt, und einen halben Tag, bis man wieder draußen ist.

Du brauchst dir nicht viel Zeit zu nehmen, wenn du jemand auf der Straße triffst, den du vor, sagen wir mal, fünf Jahren zum letzten Mal gesehen hast, sondern du tust einfach so, als sei das nichts Besonderes. Du zeigst am besten keine Regung. Du sagst dann nicht etwa: »Was hast du so gemacht?« Du versuchst nicht, es herauszubekommen. Du könntest vielleicht kurz erwähnen, dass du gerade auf dem Weg in die 8. Straße bist, weil du dir ein Sahneeis holen möchtest, und dir wird man vielleicht erzählen, welchen Film man sich nachher im Kino ansehen möchte, aber das ist es dann auch schon. Nur eine belanglose Bemerkung im Vorbeigehen. Ganz unverbindlich, distanziert, inhaltslos, typisch amerikanisch. Keiner fühlt sich belästigt, keinem kommt sein Zeitplan durcheinander, keiner wird hysterisch, keiner zeigt eine Regung. So ist es gut. Und wenn dich jemand fragt, was der Soundso macht, dann sagst du bloß: »Ja, der hat neulich in der 53. Straße ein Bier getrunken.« Tu einfach so, als sei es nichts Besonderes, als sei alles erst gestern gewesen.

Ich kenne kaum Leute, die in New York leben, die nicht auch sagen: Ich ziehe bald weg. Ich selbst spiele seit 35 Jahren mit dem Gedanken, wegzuziehen. Ich bin fast so weit.

Lou Reed

Bronx

Tom Wolfe

Kramer in der Bronx

In der U-Bahn-Linie D Richtung Bronx stand Kramer im Gang und hielt sich an einer Chromstahlstange fest, während der Waggon bockte und schlingerte und kreischte. Auf der Plastikbank ihm gegenüber saß ein knochiger alter Mann, der wie ein Pilz aus den Graffiti hinter ihm zu wachsen schien. Er las eine Zeitung. Die Schlagzeile der Zeitung lautete: *Harlemer Mob verjagt Bürgermeister*. Die Wörter waren so groß, dass sie die ganze Seite einnahmen. Darüber stand in kleineren Buchstaben: *Geh heim nach Hymietown!* Der alte Mann trug ein Paar rot-weiß gestreifte Laufschuhe. Sie wirkten sonderbar an so einem alten Mann, aber eigentlich war nichts komisch an ihnen, nicht auf der Linie D. Kramer ließ den Blick über den Boden schweifen. Die Hälfte der Leute in dem Waggon trug Turnschuhe in auffälligen Mustern und mit Sohlen, die wie Soßenschüsseln geformt waren. Junge Leute trugen sie, alte Männer trugen sie, Mütter mit Kindern auf dem Schoß trugen sie, und die Kinder trugen sie im Übrigen auch. Und das nicht aus Gründen wie jung & fit, stark & chic, wie das downtown üblich war, wo man viele gutgekleidete junge Weiße am Morgen mit diesen Sneakers an den Füßen zur Arbeit gehen sah. Nein, auf der Linie D war der Grund, dass sie billig waren. Auf der Linie D waren diese Turnschuhe wie ein Schild um den Hals, auf dem *Slum* stand oder *El Barrio*.

Kramer gestand sich nur ungern ein, warum *er* sie trug. Er ließ den Blick nach oben schweifen. Einige Leute guckten auf die Gazetten mit den Schlagzeilen über den Krawall, aber die Linie D in die Bronx war keine Zeitungsleserbahn ... Nein ... Egal, was in Harlem geschah, es würde absolut keine Auswirkungen auf die Bronx haben.

Alle in dem Waggon sahen mit dem üblichen leeren Blick in die Welt und vermieden jeden Augenkontakt.

Genau in dem Moment gab es einen von diesen Tonabfällen, eins von diesen Löchern im Gedröhne, die entstehen, wenn eine Tür zwischen zwei U-Bahn-Waggons aufgeht. In den Wagen kamen drei junge Burschen, schwarz, fünfzehn oder sechzehn Jahre alt, in Baseballschuhen mit ellenlangen Senkeln, die aufgebunden, aber genau parallel durch die Ösen gezogen waren, und schwarzen Thermojacken. Kramer riss sich zusammen und bemühte sich, unangenehm und gelangweilt zu wirken. Er spannte seine Nackenmuskeln an, um gleich einem Ringer seinen Hals aufzupumpen. Mann gegen Mann ... konnte er jeden von ihnen in Stücke reißen ... Aber es ging nie Mann gegen Mann ... Er sah Jungs wie die jeden Tag vor Gericht ... Jetzt bewegten sich die drei durch den Mittelgang ... Sie bewegten sich in einer wiegenden Gangart, die als pimp roll, als Ludenwalzer, bekannt war ... Den pimp roll sah er jeden Tag auch im Gerichtssaal ... An warmen Tagen stolzierten in der Bronx so viele junge Burschen draußen im pimp roll herum, dass ganze Straßenzüge auf und ab zu hüpfen schienen ... Sie kamen näher mit ihrem gleichbleibend coolen, leeren Blick ... Tja, was konnten sie machen? ... Sie gingen rechts und links an ihm vorbei ... und nichts passierte ... Na ja, natürlich passierte nichts ... Ein Bulle, ein Hengst wie er ... er wäre der Letzte auf der Welt, den sie sich für eine Keilerei aussuchen würden ... Trotzdem war er immer froh, wenn der Zug in die Station Einhunderteinundsechzigste Straße einfuhr.

Kramer stieg die Treppe hinauf und trat auf die Einhunderteinundsechzigste Straße hinaus. Der Himmel hellte sich auf. Vor ihm, direkt vor seiner Nase, erhob sich das riesige Oval des Yankee Stadium. Dahinter sah man die verfallenden Häuserklötze der Bronx. Vor zehn oder fünfzehn Jahren war das Stadion instand gesetzt worden; man hatte einhundert Millionen Dollar dafür ausgegeben. Die Aktion hatte zur »Neubelebung des Herzens der Bronx« führen sollen. Was für ein böser Scherz! Seither war dieser Bezirk, der vierundvierzigste, genau diese Straßen hier, in der Verbrechensstatistik zum schlimmsten in der ganzen Bronx geworden. Kramer sah auch das jeden Tag. In seinen Sneakers, die A&P-Tüte mit seinen Schuhen in der Hand, begann er die Einhunderteinundsechzigste Straße entlang den Hügel hinaufzusteigen. Die Leute, die in dieser tristen Gegend lebten, standen vor den Läden und Schnellimbissen an der Straße.

Er schaute auf – und einen Moment lang sah er die alte Bronx wieder in all ihrer Glorie vor sich. Auf dem Gipfel der Steigung, wo die Einhunderteinundsechzigste Straße den Grand Concourse kreuzte, war die Sonne durchgebrochen und beleuchtete die Kalksteinfassade des Concourse Plaza Hotel. Aus dieser Entfernung konnte es immer noch als ein europäisches Kurhotel der zwanziger Jahre durchgehen. Die Yankee-Mannschaft pflegte dort während der Spielsaison zu wohnen, das heißt, diejenigen, die es sich leisten konnten, die Stars. Er stellte sich immer vor, dass sie in riesigen Suiten wohnten. Joe DiMaggio, Babe Ruth, Lou Gehrig ... Das waren die einzigen Namen, die ihm einfielen, obwohl sein Vater früher immer lang und breit darüber geredet hatte. Oh, ihr goldenen jüdischen Hügel von einst! Die Einhunderteinundsechzigste Straße und der Grand Concourse dort oben auf der Spitze des Hügels waren der Gipfel des jüdischen Traums gewesen, des Traums vom neuen Kanaan, dem neuen jüdischen Stadtteil von New York, der Bronx. Kramers Vater war siebzehn Querstraßen von hier, in der Einhundertachtundsiebzigsten Straße, aufgewachsen und hatte von nichts Herrlicherem auf der Welt geträumt, als ... eines Tages ... eine Wohnung in einem dieser mächtigen Gebäude auf dem Gipfel am Grand Concourse zu haben. Den Grand Concourse hatte man als die Park Avenue der Bronx erbaut, wobei die Frage war, ob es das neue Land Kanaan nicht noch besser hinkriegen würde. Der Concourse war breiter als die Park Avenue, und er war landschaftlich luxuriöser gestaltet worden – was auch einer von diesen bösen Scherzen war. Wollte man eine Wohnung am Concourse? Heute hatte man da die freie Auswahl. Das Grand Hotel aus dem jüdischen Traum war jetzt eine Bleibe für Sozialhilfeempfänger, und die Bronx, das Gelobte Land, war zu siebzig Prozent schwarz und puerto-ricanisch. Die arme, triste, jüdische Bronx! Als Kramer zweiundzwanzig war und gerade anfing, Jura zu studieren, war ihm sein Vater als der kleine Jude vorgekommen, der im Laufe eines ganzen Lebens endlich die lange Wanderung in der Diaspora aus der Bronx nach Oceanside, Long Island, das ganze zwanzig Meilen entfernt war, hinter sich gebracht hatte und der heute noch jeden Tag zu einem Papier-und-Kartonagen-Großhandel in den westlichen zwanziger Straßen in Manhattan zuckelte, wo er als »Komptrollör« arbeitete. Er, Kramer, wollte Anwalt werden ... ein Weltbürger ... Und jetzt, zehn Jahre später, war was passiert? Er wohnte in einer Ameisenhöhle, die das im Kolonialstil erbaute Haus des Alten in Oceanside mit seinen drei Schlafzimmern wie San Simeon erscheinen ließ, und er nahm jeden Tag die Linie D – die Linie D – auf dem Weg zur Arbeit in ... der Bronx!

Genau vor Kramers Augen beschien die Sonne jetzt auch das andere große Gebäude auf dem Gipfel des Hügels, das Gebäude, in dem er arbeitete, das Bronx County Building. Es war ein gewaltiger Kalkstein-Parthenon, der Anfang der dreißiger Jahre im Stil der städtischen Protzmoderne erbaut worden war. Es war acht Stockwerke hoch und nahm drei Blocks, von der Einhunderteinundsechzigsten bis zur Einhundertachtundfünfzigsten Straße, ein. Was für einen unbekümmerten Optimismus die doch hatten, die sich – egal, wer's war – damals dieses Gebäude ausdachten!

Trotz allem rührte ihn das Gerichtsgebäude. Seine vier mächtigen Fassaden waren absolute Jubelfeiern aus Skulpturen und Flachreliefs. An jeder Ecke befanden sich Gruppen klassizistischer Gestalten. Verkörperungen von Ackerbau, Handel, Industrie, Religion, den Künsten, von Justiz, Regierung, Recht und Ordnung und den Menschenrechten – edle, Togen tragende Römer in der Bronx! Was für ein goldener Traum von einer apollinischen Zukunft!

Wenn heutzutage einer von diesen netten klassizistischen Burschen von dort oben herunterkäme, würde er nicht lange genug leben, um es bis zur Einhundertzweiundsechzigsten Straße zu schaffen und sich dort einen Choc-o-pop oder eine Kanone zu besorgen. Sie würden ihn abknallen, bloß um an seine Toga zu kommen. Er war kein Witz, dieser Bezirk, der vierundvierzigste. Auf der Seite zur Einhundertachtundfünfzigsten Straße blickte das Gerichtsgebäude auf den Franz Sigel Park, der, aus einem Fenster im fünften Stock betrachtet, ein hübsches Stückchen englischer Landschaftsgärtnerei, eine Idylle aus Bäumen, Büschen, Gras und aus der Erde ragenden Felsen darstellte, die sich die Südseite des Hügels hinab erstreckte. Aber praktisch niemand außer Kramer kannte noch den Namen Franz Sigel Park, weil niemand mit genügend Hirn im Kopf jemals so weit in den Park hineinging, um bis zu der Tafel zu gelangen, auf der dieser Name stand. Erst letzte Woche war irgendein armer Hund um 10 Uhr vormittags auf einer von den Betonbänken erstochen worden, die 1971 im Park aufgestellt worden waren, um »städtische Annehmlichkeiten zu schaffen und damit den Franz Sigel Park wiederzubeleben und für die Allgemeinheit zurückzuerobern«. Die Bank stand drei Meter weit im Park. Irgendjemand hatte den Mann wegen seines Kofferradios umgebracht, eines von diesen Riesendingern, die bei der Staatsanwaltschaft unter der Bezeichnung Bronx-Aktenkoffer bekannt sind. Niemand aus dem Amt ging an einem sonnigen Tag im Mai zur Mittagspause hinunter in den Park, nicht einmal jemand, der neunzig Kilo stemmen konnte wie er. Nicht einmal ein Justizbeamter, der eine Uniform trug und von Rechts wegen eine .38er bei sich hatte, tat so was. Alle blieben im Gebäude, in dieser Inselfestung der Macht und der Weißen, diesem Gibraltar im armen, tristen Sargassomeer der Bronx.

Michael Greenberg

Nachtschicht

Clarence ruft an, um mir die gute Neuigkeit mitzuteilen: Er hat es geschafft, eine Stelle als Triebwagenführer bei der New Yorker U-Bahn zu ergattern, die Erfüllung einer lebenslangen Liebesaffäre mit Zügen. Der seltene Ton von Begeisterung in seiner Stimme freut mich. Ich kenne Clarence, seit er zehn Jahre alt war, ein schüchterner Junge, der Stunden damit verbracht hatte, mit meinem Sohn Aaron über den Legosteinen zu kauern, mit denen beide so gern spielten. Seit damals haben wir hin und wieder Kontakt – wenn er mich darum bat, setzte ich etwa ein Empfehlungsschreiben für eine Gelegenheitsarbeit auf, und er erzählte mir, wie er vorankam. Im Lauf der letzten Jahre habe ich ihn zu einem ernsten und mehr und mehr in sich gekehrten jungen Mann heranwachsen sehen. Er wohnt allein, in demselben Apartment in Harlem, in dem er als Einzelkind aufgewachsen ist. Sein kräftiger Körper, der durch Gewichtheben und ein stattliches Aufgebot an proteinreichen Getränken noch muskulöser geworden ist, verleiht ihm ein leicht explosives Gehabe. Seine letzte Anstellung in der örtlichen Filiale einer Drogeriekette endete, als er den Geschäftsführer der Firma bezichtigte, diese »wie ein Sklavenschiff« zu führen.

Schon immer ist die U-Bahn für Clarence nicht so sehr ein Transportmittel als vielmehr ein Ziel gewesen. Als Teenager blickte er aus dem Fenster des ersten Wagens, um sich die verschiedenen Signale und Weichen einzuprägen, um »das Eisen lesen« zu lernen. Im Riverside Park entdeckte er eines Tages einen Zugang zu den unterirdischen Gleisen für die Personenfernzüge, die in der Penn Station ein und aus fahren. Oft schritt er die Schienen bis zur nördlichen Spitze Manhattans ab. Dann brausten die Lokomotiven an ihm vorbei und gaben ihm, wie er einmal sagte, das Gefühl, »vom Boden abzuheben«. Das Sonnenlicht, das durch die Luftschächte drang, machte die sogenannten »Maulwurfsmenschen« sichtbar, die dort unten lebten, eine krasse Ansammlung von Ausgestoßenen, die Clarence' Eindruck verstärkten, dass die Tunnel unter der Stadt eine nur wenigen Eingeweihten bekannte esoterische Welt waren.

»Ich fahre schon seit fünf Monaten«, sagt er mir jetzt am Telefon, »aber ich wollte dich nicht anrufen, bevor ich mir nicht sicher war, dass die Stelle wirklich mir gehört.« Ich nehme seine Einladung an, tags darauf, am Weihnachtstag, mit ihm zu fahren. »Ich habe Nachtschicht«, erklärt er mir. »Von vier Uhr nachmittags bis Mitternacht.«

Ich treffe mich mit Clarence in Pelham Bay in der Bronx, einem Bahnhof unter freiem Himmel, wo ein schneidender Wind über den hochgelegenen Bahnsteig fegt. Er begrüßt mich in seiner blauen Triebwagenführeruniform und einer roten Weihnachtsmannmütze, die oben mit einem pelzigen schneeweißen Bommel versehen ist. »Fröhliche Weihnachten!«, ruft er. Ich habe ihn noch nie so selbstsicher und entspannt gesehen. Er werde heute einen der neuesten Züge im ganzen System steuern, erzählt er, »den R142, eine Limonadendose auf Rädern«. Er bringt mich in die Führerkabine mit einem gepolsterten Stuhl und dem Computerbildschirm, der Störungen anzeigt und den Wagenführer über alles informiert, »außer wenn der Ärmel eines Passagiers in der Tür hängenbleibt«. Clarence steckt zwei langstielige Schlüssel in die Kontrollkonsole, löst die Bremse, und die Limonadendose gleitet, anfangs noch ein wenig unsicher, auf den vereisten Schienen voran.

Der Blick aus der Fahrerkabine ist aufregend: Unter uns werden rhombenförmige Weichen verschluckt, von den Gleisen wirbelt Stahlstaub auf, im Fenster einer vorüberfliegenden Wohnung ist ein Kreuz aus knorrigen Knochen zu erkennen. Clarence ist konzentriert und schweigt die meiste Zeit, sichtlich bemüht, nicht über die Stationen hinauszuschießen und so sein Gesicht zu verlieren.

Als wir den Harlem River überqueren und das lange Gefälle nach Manhattan ansteuern, beschleunigt er auf fünfundachtzig Stundenkilometer und beginnt, breit zu lächeln. Die Tunnel sind eine andere Welt. An den rohen Felswänden leuchtet die byzantinische Signatur von Zane Smith, einem Graffiti-Künstler, dem es gelingt, in die entlegensten U-Bahn-Schächte vorzudringen, was immer wieder Bewunderung auslöst. Für Clarence sind die Graffiti ein tröstlicher Anblick, Felszeichnungen aus den prähistorischen siebziger Jahren, als unbemannte Züge bis zu hundertzehn Stundenkilometer schnell fuhren, Gleisarbeiter während der Arbeit offen Marihuana rauchten und die Reparaturmannschaften Nägel aus einem Gleisabschnitt rissen, um einen anderen damit auszubessern.

Heute verkehren nur relativ wenige Züge, und die Signale stehen die ganze Strecke bis zur Brooklyn Bridge auf Grün. Dort drehen wir um und fahren wieder stadtaufwärts. Ich verlasse Clarence' Kabine und wandere durch die Wagen. Am Astor Place steigt lärmend eine Frau mit psychedelisch rotem Haar und zwei großen Koffern zu. Sie zieht ihre Plateauschuhe aus, legt die Füße auf die Koffer und schläft schnarchend ein. An der 96th Street fährt sie wie vom Blitz getroffen hoch und steigt eilends aus. Dies ist die inoffizielle Rassengrenze; nördlich von hier ist East Harlem. In der 125th Street füllen sich die mittleren Wagen für den Teil der Reise, der in die Bronx führt. Ein Wachmann außer Dienst gibt eine kurze Imitation von James Brown zum Besten, dann lässt er sich, ganz außer Atem, in die Arme seines Begleiters plumpsen.

Als der Zug wieder auf die Hochgleise hinausfährt, regen wir uns wie Menschen in einem Raum, in dem plötzlich die Rollläden geöffnet werden. Handys beginnen zu piepsen, jedes mit seinem individuellen Klingelzeichen. Ein junger Mann, der neben mir sitzt, schreibt konzentriert etwas in sein Notizbuch. Ich blicke ihm über die Schulter und lese: »Ich bin in die Frau meines besten Freundes verliebt / sie ruft mich an, wenn sie sich streiten, / er ruft mich an, wenn er ein Bett für die Nacht braucht.«

An der Parkchester Avenue leert sich der Wagen, und ich bin allein mit zwei Mariachi-Gitarristen, die auf dem Sitz zwischen sich ihre Trinkgelder aufteilen. Vorsichtig fährt Clarence in die Endstation Pelham Bay ein. Mit einem gewaltigen Seufzer verhauchen die Bremsen ihre Luft.

Es ist acht Uhr abends, Zeit zum Essen. Mit Mühe finden wir einen Feinkostladen, der noch geöffnet hat, dann kehren wir zur Station zurück. Um der Kälte zu entfliehen, schließt Clarence einen Abstellraum auf, der mit Scheuerbesen und mehreren Gallonen Desinfektionsmittel vollgestellt ist. Während wir essen, erzählt er von dem Stromausfall im vergangenen August, mitten im Feierabendverkehr, in der ersten Woche, die er ohne Fahrlehrer unterwegs war. Der Schaffner führte die Passagiere zum nächsten Notausstieg, während Clarence die Anweisung erhielt, in seinem Zug zu bleiben. Es war pechschwarz, höllisch heiß, und bis auf das gelegentliche Klimpern von Wasser, das von den Stützbalken tropfte, war kein Geräusch zu hören. Er war eingeschlafen, als der Strom wieder einsetzte, mit einem Summen wie von einem Bienenschwarm. »Der Luftzug aus der Klimaanlage brachte meine Zähne zum Klappern, so schweißnass war ich. Dann hörte ich, wie sich irgendwo weiter unten auf der Strecke der erste Zug in Bewegung setzte. Es klang wie Donner.«

Als ich abends wieder zu Hause bin, höre ich mir Duke Ellingtons *Take the »A« Train* an, mit seinem harten Swing und dem nachhallenden Glockenakkord wie das Hupsignal einer U-Bahn.

Am nächsten Morgen rufe ich Clarence an, um mich für die Fahrt zu bedanken. »Ich hätte nie geglaubt, dass ich so ein Glück haben würde«, sagt er. »Weihnachten das zu tun, was ich am liebsten tue. Und dabei doppelt zu verdienen.«

Manhattan

Hör mal!
Die Polizeisirene
und das da, eine Feuerwehr.
Auch unsere Stadt hat ihre heimischen Vögel.

Charles Reznikoff, Stadt

Allen Ginsberg

Mein trauriges Ich

Manchmal wenn ich rote Augen habe
geh ich hoch aufs RCA-Gebäude
und schau auf meine Welt, Manhattan –
meine Bauten, Straßen, wo ich Sachen gemacht habe,
Etagen, Betten, Kaltwasserwohnungen
– auf die Fifth Avenue unten, die ich auch im Kopf behalte,
mit den Ameisenautos, kleinen gelben Taxis, Fuß-
gängern so groß wie Wollfussel –
Panorama der Brücken. Sonnenaufgang über der
Brooklyn-Maschine,
Sonnenuntergang über New Jersey, wo ich geboren wurde
& Paterson, wo ich mit Ameisen spielte –
meine späteren Lieben auf der 15. Straße,
meine größeren Lieben der Lower East Side,
meine einst berühmten Amouren in der Bronx
weit entfernt –
Pfade kreuzen sich in diesen verborgenen Straßen,
meine Geschichte resümiert, meine Abwesenheiten
und Ekstasen in Harlem –
– Sonne scheint auf alles was ich besitze
in einem Augenblick zum Horizont
in meiner letzten Ewigkeit –
Masse ist Wasser.

Traurig
nehme ich den Aufzug und fahr
runter, nachdenklich,
gehe ich über das Pflaster und starre in aller Leute
Fensterscheiben, Gesichter
mit Fragen danach, wer liebt,
bleib versunken stehn
vor einem Automobilschaufenster
steh ich gedankenverloren,

Verkehr bewegt sich auf & ab die Blocks der 5th Avenue
hinter mir
Warten auf den Augenblick, wenn ...

Zeit nach Hause zu gehen & Abendessen zu kochen & die
romantischen Kriegsnachrichten im Radio zu hören

... jede Bewegung hört auf
& ich gehe in der zeitlosen Traurigkeit des Daseins,
Zärtlichkeit durchfließt die Bauten,
meine Fingerspitzen stoßen aufs Gesicht der Wirklichkeit,
mein eigenes Gesicht tränenüberströmt im Spiegel
eines Fensters – gegen Abend –
wo ich kein Verlangen habe
nach Bonbons – oder dem Besitz von Kleidern oder
japanischen
Lampenschirmen des Verstehens –

Verwirrt durch das Schauspiel um mich herum,
Mann kämpft sich die Straße rauf
mit Paketen, Zeitungen,
Krawatten, schönen Anzügen
zu seinem Verlangen
Mann, Frau, strömen über das Pflaster
rote Ampeln stoppen schnelle Uhren &
Bewegungen am Bordstein –

Und alle diese Straßen führen
so rechtwinklig, hupend, ausgedehnt
durch Avenuen
staksig durch Hochbauten oder verkrustet in Slums
durch solch stockenden Verkehr
kreischende Autos Maschinen
so schmerzlich zu dieser
Landschaft, diesem Friedhof
dieser Stille
auf dem Totenbett im Gebirge
einst erblickt
nie wiedergewonnen oder begehrt
im Geist der Zukunft
darin ganz Manhattan das ich gesehen verschwinden muss.

Langston Hughes

Guten Morgen

Guten Morgen, Daddy!
Er sagte, hier bin ich geboren
sah Harlem wachsen
bis Farbige
aus Penn Station traten
sich von Fluss zu Fluss
über Manhattan verteilten
das dunkle Zehntel eines Landes
in Flugzeugen aus Puerto Rico
und unter Deck, im Laderaum, *chico*,
aus Kuba Haiti Jamaica,
in Bussen Richtung New York
aus Georgia Florida Louisiana
nach Harlem Brooklyn in die Bronx
aber vor allem nach Harlem
eine dunkle Schärpe über Manhattan
Ich hab sie gesehen, wie sie dunkel
   verwundert
   staunend
   träumend
aus Penn Station traten –
aber die Züge kommen spät.
Die Türen öffnen sich –
Doch an jeder Tür
ist eine Schranke.

   Was wird
   aus einem gestundeten Traum?

Daddy, hast du nicht gehört?

Paul Beatty
Harlem, Empire State

Wenn man bei schlechter Sicht auf der Aussichtsplattform des Empire State Building stand, sah die Skyline von Manhattan aus wie ein gewaltiges Histogramm; an der x-Achse der Habgier kletterten die stolzen Bauten himmelwärts. Jenseits der Wolkenkratzer von Midtown lagen die bedeutungslosen statistischen Ausreißer, die unfruchtbaren Tiefebenen East Harlems. Winston »Tuffy« Foshay drehte sich kurz nach Inez und Spencer um, die eifrig an einem Teller Empire-State-Nachos mit scharfer Soße mampften, damit er Zeit für sich hatte.

In Winston weckte die Aussicht jedes Mal gemischte Gefühle. So hoch über der Erde, fast schon in den Wolken, packten ihn die unbehaglichen Symptome sozialer Höhenangst. Er wusste nicht, ob er flog oder abstürzte. Heute passte die Aussicht besser zu Tuffys Leben als je zuvor. Seit er halbherzig seine Kandidatur in East Harlem erklärt hatte, hatte er begonnen, sein Viertel aus der Distanz zu betrachten. Wenn er Freunde besuchte, musste er beim ekelerregenden Gestank der Kübel, die den Menschen, die ganz oben auf den Treppenabsätzen wohnten, als Latrinen dienten, nicht mehr würgen und höhnisch lachen, stattdessen senkte er schamhaft die schmerzenden Augen. Nachts zählte er vom Schlafzimmerfenster aus die Häuser seines Blocks und stellte bestürzt fest, dass die leerstehenden Gebäude in der Mehrzahl waren, im Verhältnis zwei zu eins zu den bewohnten. Beim Einschlafen sah er die nachtaktiven Junkies aus ihren Betonhöhlen flitzen wie Fledermäuse und die tagaktiven Obdachlosen heimkehren und sich in ihren einsturzgefährdeten Kaninchenbau wühlen.

Die fremden Zungen, Sprachmelodien und Dialekte der Touristen brummten Winston in den Ohren wie Waldmücken. Bei all ihrer Fröhlichkeit kam er sich fast selbst wie ein Ausländer vor, dem das Großstadtgetriebe da unten fremd war. Ein heißer Windstoß ließ den Stadtplan in seinen Händen rascheln. Winston konnte ihn nur mit Mühe so halten, dass er lesbar blieb. Ein deutscher Reiseleiter und seine Gruppe kreisten ihn ein. *»Im Norden liegt Harlem«*, sagte der Reiseleiter und heischte mit erhobener Hand um Aufmerksamkeit, *»... die Heimat des schwarzen Amerikas.«* Das Deutsche juckte ihm am Kehldeckel, aber Winston hatte ganz deutlich »Harlem« gehört und fragte sich, was der Reiseleiter erzählte. Er wusste, dass der Mann nicht über sein Harlem redete, *Ost*-Harlem.

An East Harlem war wenig Folkloristisches. Es hatte keine *Spanish Harlem Renaissance* gegeben, höchstens die schwüle Anspielung auf eine Rose in dem Soul-Song »Spanish Harlem« von Ben E. King, drei besser angesehene Poeten (Willie Perdomo, Piri Thomas und Doug E. Fresh) und eine Spielplatz-Basketball-Legende (Joe Hammond). Kein Reiseleiter dieser Welt könnte die Absurdität des Alltags im Viertel vermitteln. Schon Winstons wilder Vormittag ließ sich unmöglich wiedergeben.

Die Morgendämmerung von East Harlem hatte sein Kasserollen-Aquarium in rotgoldenes Licht getaucht. *Schön,* dachte Winston. *Mann, alles echt tropisch hier.* Aber als er nach seinem geliebten Piranha sah, fand er das Wappentier seines Wahlkampfs tot auf der Seite schwimmen; der Goldfisch und die Schildkröte tollten munter um seine Leiche herum.

In East Harlem ging es wirklich ab, aber das schwarze Harlem hatte offenbar das bessere Marketing.

Der deutsche Reiseleiter bearbeitete das Fernrohr wütend mit Händen und Füßen. Er versetzte ihm einen letzten Schlag mit der Handkante. *»So eine Scheißoptik.«*

Tuff ließ den Blick von den fernen Dächern seines Viertels wieder auf den Teil des Stadtplans schweifen, den Inez mit rotem Filzer als seinen Wahlbezirk markiert hatte. Während die deutschen Touristen die Lichter des Times Square bestaunten, fuhr er mit den Augen die gezackten Grenzen des wenig aufregenden achten Bezirks ab. Im Kopf ergänzte er Details, die sich aus drei Meilen Entfernung vom 86. Stock nicht ausmachen ließen. Inez zufolge benötigte er neunhundert Unterschriften, um seinen Namen auf den Wahlzettel zu bekommen. Niemand sonst kannte den Bezirk und seine Wählerschaft so gut wie er.

Der nördlichste Vorposten des Wahlkreises war die Kreuzung von Lexington Avenue und 129. Straße. Winston stellte sich den Wahlbürger Jaimito Linares vor, wie er vor Manny's Superette stand, Starkbier aus 50-Cent-Dosen trank und alle weiblichen Wesen anfauchte, die sich in die Nähe seines Baus verirrten. *Psst,* Mamí, *komma rüber. Nein, ich mag dich echt, mit dir könnte ich mich niederlassen.* Neben ihm saß Wilma »La Albina« Mendez im Schatten eines orangefarbenen Strandschirms. Mit ihrem Pink-Margarita-Blick beäugte Wilma Jaimitos Überlauf, die Beine so breit gespreizt wie ein Rodeo-Cowboy auf Mittagspause. Sie suchte in Gesicht, Gang und Frisur der Frauen, die Jaimito abblitzen ließen oder mit ihm redeten, aber den Blick nicht von Wilma wenden konnten, nach lesbischen Neigungen, und die Goldkettchen und Zahncaps aus vierundzwanzigkarätigem Gold glitzerten dabei auf ihrer milchstraßenweißen Haut. Scheiß auf die Eheringe. *Irre heiß, was? Schluck kalten Wein zum Abkühlen? Jetzt hab dich nicht so,* tómelo. *Setz dich zu uns in den Schatten.* Wilma würde ihm ihre Unterschrift schon allein geben, um die Damen mit ihrem politischen Durchblick zu beeindrucken.

Die ganze Lexington bis runter an die 110. Straße waren die Straßen bestimmt voller Anwohner, die in der Hitze nach Erleichterung suchten. Die einen, indem sie sich in Eiswasser getränkte Putzlumpen an die Stirn drückten und sich nur rührten oder den Mund aufmachten, wenn es gar nicht anders ging, die anderen, indem sie vor dem Haus hockten, sich vom Block-Kommunikator mit dem neuesten »*Oye*, schon gehört«-Klatsch versorgen ließen und sich im kühlen Luftzug der Probleme anderer Menschen aalten. Die ganze Lexington entlang verhinderten die Youngster mit verschiedensten Kühlmitteln, legalen und verbotenen, dass ihnen in der Hitze die Motoren absoffen. Neben dem Plattenladen auf der 121. Straße würde Carl Fonseca seine tausend Quadratmeter Gemüsegarten beackern und prahlen, nur seine Eier kämen an die Größe seiner Tomaten heran. Zwischen der 114. und 115. Straße würden zwei flachsblonde Mormonenjungen an die Türen klopfen, die Aktenköfferchen aufschnappen lassen wie Killer im Kino und die einheimischen Heiden mit ihrem Flugschriften-Arsenal bedrohen. Vielleicht, dachte Winston, könnte er sich die Bekehrungsversuche der Mormonen zunutze machen. Er könnte abwarten, bis man den Mormonen aufmachte, und die zum Untergang verurteilten Abkömmlinge Kains ins Reden kommen lassen, dann würde er sich auf die Hausbewohner stürzen und sie dazu bringen, für ihn zu unterschreiben, solange sie noch im Vor-dem-weißen-Mann-auf-nett-machen-Modus waren.

Winston ließ den Blick an der 110. Straße entlang nach Westen schweifen, bis hinter den Park, vorbei an der Kirche St. John the Divine und den Broadway hinunter bis ungefähr zur 96. Straße. Er konnte sich nur schwer ein Bild von der Gegend machen. *Das sind nicht meine Leute. Die West Side ist mir ein totales Rätsel. Da wohnen Weiße, oder? Scheiße.* Der achte Bezirk schloss den Central Park mit ein, seine Demarkationslinien, aber nicht die Wohngebiete an seinen Grenzen im Osten und Westen. Auch wenn der Central Park keine entscheidende Wählergruppe darstellte, fielen die Grünflächen doch in seinen Zuständigkeitsbereich. Sein Kumpel Armello spielte gerade Baseball auf *diamond* Nr. 10, schlenzte nonchalant ein paar hart geworfene Bälle ins Feld, nach ein paar müden *at-bats,* als Pinch Hitter für das fünfte Inning. *Wenn ich die Wahl gewinne, erlasse ich ein Gesetz, damit Armello vier Strikes kriegt.*

»Der ist ja riesig, Miss Nomura.«

»Wer denn?«

»Der Wahlkreis. Ich meine, ich hab den Park, die West Side, alles außer den Edelhäusern am Central Park West und der Fifth Avenue.«

»Na, da haben sie andere Prioritäten als in East Harlem.«

»Wollen im Grunde nicht alle das Gleiche – Arbeit, gute Schulen und so Scheiß?«

»Klar, bloß dich wollen sie nicht in ihrem Viertel haben, und schon gar nicht, dass du in ihrem Leben was bestimmen kannst.«

Winston schnappte sich einen pappigen Tortillachip von Inez' Teller und passte auf, dass er auch eine Scheibe Jalapeño abbekam. »Mann, da war ich doch echt kurz scharf auf diesen Scheiß. Aber von hier aus sieht man, wie viele Menschen da leben. Na ja, die ganzen Fenster. Hinter jedem wird ein Leben gelebt.«

Inez packte Winston am Arm und sagte: »Komm mit.« Sie zerrte ihn an die Südwestecke der Aussichtsplattform. Spencer kam hinterher und hielt Abstand. Alles war voller Touristen, die begeistert die Freiheitsstatue fotografierten und sich um die besten Plätze balgten. Inez war besorgt, als sie Winston und sich mit Ellbogen und Flüchen den Weg an den Abgrund freikämpfte. Winston wirkte beklommen, so kannte sie ihn gar nicht. Warum hatte sie ihn nur so bedrängt? Hatte sie überreagiert, als er angedeutet hatte, seine angeborene Führungsstärke endlich in eine konstruktive Richtung lenken zu wollen? Vielleicht hätte sie ihm lieber vorschlagen sollen, Trainer einer Jugendmannschaft zu werden. *»Da hast du fünfzehntausend, kandidier für den Stadtrat.« Was habe ich mir bloß dabei gedacht?*

Inez sah den Fähren nach, die Menschen zum Liberty Island brachten und wieder abholten, und erinnerte sich an die Zeit, als sie genau gewusst hatte, was richtig war und was falsch. Im Jahr 1977 war es für sie und die Puerto Rican National Activists richtig gewesen, im Namen der *libertad* und des politischen Gefangenen Andrés Cordero

Lady Liberty zu besetzen. Sie hatten die japanischen Touristen und die Schulkinder beiseitegestoßen, die Tür zur Sandale der Statue hinter sich verrammelt und von der Krone aus eine puerto-ricanische Fahne entrollt. Wie Konfetti waren die Pressemitteilungen zu Boden gesegelt. Falsch war es von den Männern der Gruppe gewesen, das Gitterwerk unter dem Rock der Lady anzutatschen und sie mit Fragen zu belästigen: »Wart ihr schon mal in einer Frau? Nein, ich meine *wirklich* in einer Frau.« Richtig war es von Nolan Lacosta gewesen, die Treppe in der Nähe der Vulva der Freiheit zu erklimmen, seinen Penis in eine rostige Öffnung einzuführen und zu sagen: »He, guckt mal, Jungs, ich ficke Amerika!« Falsch war es von ihrem Mann gewesen, sie am Tag darauf vor Scham über die öffentliche Aufmerksamkeit zu verlassen, die Kinder in Philadelphia aufzuziehen und ihre kindliche Neugier zu befriedigen, indem er ihnen erzählte, ihre Mutter sei bei einer Explosion ums Leben gekommen, als sie eine Rohrbombe bauen wollte.

Inez stieß Winston den Ellbogen in die Rippen, dann zeigte sie auf das andere Flussufer. »Ich weiß, ich habe dir erzählt, wie wir damals die Freiheitsstatue verhaftet haben, wegen irreführender Werbeversprechungen.«

»Du hast mir die Fotos gezeigt.«

»Winston, es gab eine Zeit, da konnte ich mit einem einzigen Anruf jedes beliebige Gebäude der Stadt evakuieren lassen.«

»Mhmm.«

Winston vergrub die Hände in den Taschen und lehnte sich neben Inez an die Brüstung, mit dem Rücken zu Lady Liberty. Er blickte sie prüfend aus dem Augenwinkel an. Inez sah müde, aber hoffnungsfroh aus. Ihr wuchsen die Säcke nicht nur unter den Augen, sondern auch darüber. Anstrengend war die Revolution offenbar auf jeden Fall. Sie wirkte wie ein Ex-Boxer aus der Prohibitionszeit: schwer angeschlagen, dauerhaft verbeult, von Schnapsbude zu Schnapsbude torkelnd mit der Geschichte, wie man ihm einmal den Titelkampf versprochen hatte, einen

Sieg für den Arbeiter von der Straße. *Scheiße, was sind die alle so optimistisch? Deshalb hat sie mich hier raufgeschleppt. Damit ich mir ein bisschen was vom Ganz-oben-angekommen-Fieber fange.*

Er rief nach Inez und Spencer und nickte in Richtung Schlange am Aufzug. »Gehen wir.«

Nach langem Warten quetschte das Trio sich hinein. Winston warf ein Kaugummi ein, gegen die Ohrenschmerzen auf dem Weg nach unten.

Piri Thomas
Spanish Harlem Kid

Wir zogen um – wieder nach Spanish Harlem – in die 104te zwischen Lex und Park Avenue.

Ein neuer Block ist ein Riesensprung für einen Jungen aus Harlem. Man wird aus seinem hart erkämpften Revier gerissen und in Feindesland gepflanzt, wo die Kids erst mal alle gegen einen sind. Und auch wenn der Block den eigenen Leuten gehört, ist man immer noch ein Außenseiter, der beweisen muss, dass er ein Kerl ist mit Mumm in den Knochen.

Als der Umzugswagen vor unserem neuen Haus hielt, vor der Nummer 109, warteten wir schon alle – Momma, Poppa, Schwesterchen, Paulie, James, José und ich. Ich tat so, als würde ich die Typen gar nicht sehen, die uns abcheckten, vor allem mich – ich war im Gang-Alter. In ihren Gesichtern sah ich null Vertrauen, jede Menge Misstrauen und einen Funken Hass. Ich sagte mir: *Die wollen ja gar nichts. Die sind nur neugierig.* Erinnerte mich dann aber an die Situation in meinem alten Block und dass ich am Ende im Krankenhaus lag.

Das war bestimmt ein hartes Pflaster hier. Aber okay, kein Thema; mein altes Revier war auch hart gewesen. *Ich bin hart*, sagte eine innere Stimme. *Hoffentlich hart genug. Ich bin hart genug. Ich hab* mucho corazón, *ich bin überall der King. Ein echter Killer. Nicht nur kann ich überleben, ich werde überleben, kein Kneifen, kein Einknicken, Hauptsache lässig; cool bleiben, ganz locker, bereit.* Mir schwirrte der Kopf, Gedanken krachten ineinander und versuchten, sich zu einem Muster zu formen. Respekt. Langsam drehte ich mich um und sah mir mit halb geschlossenen Augen die Herrscher dieser neuen Welt an, folgte mit einem lässigen Achselzucken den Umzugsleuten in den Hausflur Nummer 109 und blendete den bevorstehenden Kampf aus.

Am nächsten Morgen ging ich in meine neue Schule, die Patrick Henry, und fremde Blicke durchlöcherten mich.

»Hey, Pops«, sagte eine Stimme. Sie gehörte einem Kerl, den ich später als Waneko kennenlernen sollte. »Wo ist dein Gebiet?«

Im gleichen Ton wie Waneko antwortete ich: »Genau hier, Dad, ist was?«

»Ah, ein ganz Schlimmer!« Ein halbes Lächeln.

»Nicht unbedingt. Ganz brav, wenn ich locker drauf bin, ganz schlimm, wenn nicht.«

»Wie heißt du, Junge?«

»Kommt drauf an. ›Piri‹, wenn ich sauber bin, und ›Johnny Gringo‹, wenn Keile anstehen.«

»Und wie heißt du jetzt?«, setzte er nach.

»Kannst dir aussuchen«, antwortete ich, voll drin in meiner Rolle.

Er blickte sich um, und wortlos kamen seine Jungs angerauscht. Typen, die ich noch kennenlernen, bekämpfen, hassen, lieben, beschützen sollte. Little Red, Waneko, Little Louie, Indio, Carlito, Alfredo, Crip und viele mehr. Ich erstarrte und dachte bei mir: *Keile, Piri, mein Junge, mach dich gerade.*

Ich tastete in meiner Tasche nach dem Mülleimergriff – meinem selbstgebastelten Schlagring. Damit konnte man prima Teile zerlegen.

Großspurig verkündete Waneko: »Einen Namen kriegst du später, *panín*.«

Ich antwortete nicht. Eingeschüchtert, das schon, aber ohne eine Miene zu verziehen, dachte ich: *Chevere, panín.*

Es dauerte nicht lange. Drei Tage später gegen sechs Uhr abends lungerten Waneko und seine Jungs vor der Nummer 115 rum und schnitten mir den Weg zur 109 ab. Ganz kurz dachte ich: *Abhauen die Kellertreppe runter, durch den Hinterhof – bloß heil hier raus!* Dann dachte ich: Caramba! *Lebende Memme, toter Held. Ich kneife nicht. Ich feilsche nicht.* Ich ging weiter, *hier kommt der Höllenreiter, heiter immer weiter. Los, mein Junge, keine Bange. Wie hoch ist der Einsatz?*

»Na, wie wär's, Mr. Johnny Gringo?«, näselte Waneko.

Grips einschalten, sagte ich mir, *denk nach, wie du aus der Gruppenkeile rauskommst. Jetzt oder nie.* »Ihr sauberen Jungs aus der 104ten sollt ganz schön Mumm in den Knochen haben, was man so hört«, sagte ich. »Also, ich weiß nicht. Gibt ja viele Straßen, da besteht die Gang aus lauter Memmen, die mit einem Einzelnen nur fertig werden, wenn sie alle zusammen draufhauen.«

Damit wollte ich Waneko zum Zweikampf provozieren. Er verzog keine Miene.

»Vielleicht sehen wir das anders.«

Irre, Mann, juchzte ich innerlich, *der* cabrón *geht mir auf den Leim. Wollen doch mal sehen, wer hier als Erster schlappmacht, Baby!* »Mit dir red ich gar nicht«, sagte ich. »Wo ich herkomme, ist der Boss der Boss, weil er Mumm in den Knochen hat, wenn's drauf ankommt.«

Waneko wurde langsam nervös. Er hatte angebissen und hing am Haken. Seine Jungs ließen locker. Sie waren nicht mehr so scharf drauf, mich zu verprügeln, sie wollten lieber sehen, wie es zwischen Waneko und mir ausging. »Logisch«, antwortete er.

Ich lächelte. »Eigentlich wolltest du mich abchecken, und jetzt bin ich neugierig geworden. Ich will dich abchecken.«

Waneko zögerte einen winzigen Moment, dann erst sagte er »Yeah«.

Da wusste ich, dass ich gewonnen hatte. Klar musste ich noch kämpfen; aber gegen einen, nicht gegen zehn oder fünfzehn. Wenn ich verlor, machten sie mich vielleicht immer noch fertig, und wenn ich gewann, auch. Darum der nächste Satz: »Ich kenne weder dich noch deine Jungs«, sagte ich, »aber ich finde, sie sehen cool aus. Nicht wie Memmen.«

Mit dem »sie« hatte ich ihn absichtlich ausgeklammert. Jetzt waren seine Jungs in einer anderen Liga. Ich hatte ihn abgeschnitten. Er musste jetzt mit mir allein kämpfen, um seinen Mut unter Beweis zu stellen, vor sich selbst, vor seinen Jungs und vor allem vor seinem Revier. Er stand auf und fragte: »Mann gegen Mann, Gringo?«

»Jep«, sagte ich, »dann los – alles geht.« Ich dachte: *Ich muss ihn hart rannehmen, aber nicht so hart, dass er sein Gesicht verliert.* Er hatte *corazón.* Er kam auf mich zu. *Lass ihm den ersten Treffer*, dachte ich, *ist sein Block.* Zack fing meine Nase an zu bluten. Seine Jungs jubelten, sein Herz jubelte, sein Revier jubelte. »Hau ihn weg«, rief jemand.

Okay, Baby, jetzt bin ich dran. Er holte aus. Ich täuschte an, und meine Stirn krachte in seine Nase. Er fing an zu schielen. Krallte nach meinen Augen und landete mit den Fingern in meinem Mund – knirsch, biss ich zu. Ich boxte ihm zwischen die Zähne, als er zurückwich, und er trat mir an die Brust.

Wir gingen auseinander, ich mit meiner blutigen Nase und meiner brennenden Brust und er mit seinem Finger – na ja, sein Problem. Ich deckte ihn mit Schlägen und Körpertreffern ein. Wir rollten auf die Straße. Ich rang um Anerkennung, er um Ablehnung oder, noch schlimmer, um Anerkennung zu seinen Bedingungen. Die Zeit für ein Friedensangebot war gekommen. Ich lächelte. »Du hast ja wirklich Mumm, Baby«, sagte ich.

Er antwortete mit einer Kopfnuss. Ich grunzte und schlug doppelt zurück. Mein Friedensangebot musste mit Stärke unterstrichen werden. In der Umklammerung boxte ich ihm in die Rippen und bohrte ihm meine Knöchel ins Ohr. Und startete den nächsten Versuch: »Du kannst ganz schön austeilen«, sagte ich.

»Du aber auch«, murmelte er mit letzter Puste. Und auf einmal war der Kampf zu Ende. Keine weiteren Worte. Wir ließen uns einfach los, die Hände halb erhoben, halb gesenkt. Mein Herz pumpte: *Du hast dir Respekt verschafft. Platz da, 104te Straße. Breite deine Schwingen aus, ich gehöre jetzt zu deinen Küken.*

Fünf Sekunden später bekam ich den Ritterschlag in Form von Bekanntschaft mit der Straßenelite. Jetzt waren die Blicke nicht mehr leer; ich wurde herzlich aufgenommen.

»Wie heißt du noch, Johnny Gringo?«

»Piri.«

»Okay, Pete, willst du dich meinen Kumpels anschließen?«

»Klar, warum nicht?«

Aber eigentlich gehörte ich schon zu ihrer Gang, als ich sie am Umzugstag so hatte abblitzen lassen. *Ich war cool, Mann*, dachte ich. *Ich hätte Waneko jederzeit alle machen können. Ich bin gut, ich bin verdammt gut,* corazón *pur. Viva Piri!* Scheiße, hatte ich Muffen gehabt, aber das war vorbei. Ich war drin; das war jetzt *mein* Block.

Judith Thurman
Das alte Haus

In einem von Louis Auchincloss' vielen Romanen erleidet ein patrizischer Held einen wirtschaftlichen Rückschlag und zieht mit seiner Familie von der Park Avenue in bescheidenere Wohnverhältnisse, nämlich in ein kleines Brownstone-Reihenhaus in einer wenig eleganten Gegend auf der Upper East Side, irgendwo zwischen der achtzigsten und neunzigsten Straße, wo er, wenn ich mich recht entsinne, ein Leben mit dem Nötigsten an Bediensteten – einer Köchin und einem Zimmermädchen – fristet und sich in die Schande des gesellschaftlichen Abstiegs schickt. Der Stoizismus der Familie, als sie auf vier Stockwerken zusammenrücken muss, amüsierte mich, als ich die Geschichte las, denn damals wohnte ich zur Untermiete in einem Zimmer, das früher einmal das drittbeste Schlafzimmer eines prächtigen Hauses in der East Tenth Street gewesen war – ein Wohnhaus von der Art, wie es Auchincloss' Gestalten entweder von Geburt an bewohnen oder später erben und das sie als ganz selbstverständlich betrachten, bis das Schicksal sie des Hauses verweist. Obwohl ich einmal für kurze Zeit ein Loft in Tribeca besaß (das war, ehe das Viertel saniert wurde), hatte ich wie jeder normale Mensch mein Leben in New York in einem Schuhkarton zugebracht. Zum Beispiel in einem schmutzigen Loch in der East First Street, das bei dem Opfermord an einem Hell's Angel abgefackelt wurde; in einer Eisenbahnwohnung in den achtziger Straßen auf der Upper West Side, wo sich mehrere Gangs eingenistet hatten; in einer Dachkammer in Little Italy, wo ich mit dem Transvestiten nebenan eine Toilette auf dem Flur teilte; in einer baufälligen, wenn auch entzückenden ehemaligen Remise, in der früher Handwagen geparkt wurden; in einer illegalen Bude, die eine gemauerte Feuerfalle über einer irischen Bar in der Water Street war, wo ich mit einem Jazz-Posaunisten und seinem Mitbewohner, einem Heroinjunkie mit Babygesicht, hauste. Unter uns wohnten zwei ältliche Brüder, den Collyer-Brüdern ähnlich – New Yorks wohl berühmtesten Messies –, die nie das Haus verließen und fünfzig Jahre lang Schachtdeckel, pornografische Schriften, Zigarrenkisten, Prothesen und alte Radiogehäuse gesammelt hatten. Wenn es damals, 1970, im Financial District noch andere Bewohner gegeben hat, dann waren sie, wie die beiden Brüder, Maulwürfe, und wir haben sie nie zu Gesicht bekommen. Meine Mutter, die mich nie zu Gesicht bekam, dachte, ich würde am Riverside Drive bei einer verwitweten Klavierlehrerin wohnen und Milton studieren.

Irgendwann überwand ich meine jugendliche Verachtung für »bürgerliche«, also bewohnbare Wohnungen, jedoch nie die für Neubauten. Ich durchstreifte die Straßen mit Brownstone-Blocks im südlichen Manhattan und in Brooklyn Heights, oft bei Einbruch der Dämmerung, kurz bevor die Lichter angezündet und die Jalousien heruntergelassen wurden, spähte in die Fenster der alten Häuser, wo die gutsituierten Menschen des Bürgertums wohnten, und lechzte nach einer safrangelben Bibliothek mit Bücherregalen vom Fußboden bis zur Decke und einer verschiebbaren Leiter, nach einem vergoldeten Wandspiegel mit leicht angeschlagenem Gipsrahmen über einem Kaminsims im Eastlake-Stil, nach einer Doppeltür, die sich zu einem kleinen Balkon oder einem Patio mit Kopfsteinpflaster öffnete, nach einer klobigen Recamière mit einem abgebrochenen Bein, unter die ein dicker Wälzer geschoben worden war, nach unebenen Kiefernböden und hohen Zimmerdecken mit Gipsrosetten, nach einem knisternden Feuer und einem Klavier in der Ecke, unter dem ein zotteliger Hund schlief. »Es gibt in New York«, schreibt James Fenimoore Cooper in *Notions of the Americans* (1828), »große Mengen einer bestimmten Sorte von zweitklassigen, vornehmen Häusern, in die ich beim Vorübergehen mit größtem Vergnügen Blicke geworfen habe. Gewöhnlich haben sie ein Geschoss, das halb im Erdreich versunken ist, … und zwei Stockwerke darüber. Die Bewohner sind größtenteils Kaufleute oder Menschen in gehobenen Berufen und eher bescheidenen Verhältnissen, die eine Jahresmiete von dreihundert bis fünfhundert Dollar bezahlen. Es ist eine bekannte Tatsache, dass kein Amerikaner, der in gesicherten Umständen lebt, seine Wohnstätte mit einem anderen teilen würde.« Der Genuss, mit dem er die geschmackvolle Pracht der Mahagoni-Einbauten dieser mittelmäßigen Häuser beschreibt, lässt vermuten, dass er nicht nur im Vorübergehen in die Räume hineingespäht, sondern sie in aller Ruhe von der Straße aus in Augenschein genommen hat. Auf dem New Yorker Immobilienmarkt sind Modeströmungen und Preise, wie wir alle wissen, äußerst labil, aber die Gewohnheit, sich nach einem romantischen alten Haus zu sehnen, ist in manchen von uns tief verwurzelt – in mir ganz besonders –, und darüber vergesse ich manchmal, dass ich schon eines besitze.

Meine eigenen Schicksalsschläge sind zu vorhersagbar, als dass ich sie erzählen müsste, aber jetzt wohnen mein Sohn und ich in einem Brownstone-Haus in Yorkville mit schmaler Front, einem lang gestreckten Garten und einer majestätischen Ulme darin, die wunderbarerweise allen Epidemien getrotzt hat, denen viele ihrer Art zum Opfer gefallen sind. Auch unser Haus hat manchen der Epidemien getrotzt – Verfall, Stadtentwicklung, Umwandlung –, denen viele seiner Art zum Opfer gefallen sind. Das Haus steht in einer Reihe, die um 1870 für Familien der Mittelschicht erbaut wurde, möglicherweise für die Vorarbeiter oder mittleren Manager der Ruppert Brewery, die 1867 ihren Betrieb aufnahm und ein Jahrhundert lang einer der wichtigsten Arbeitgeber der deutschen und ungarischen Einwanderer im Viertel war. Im Jahr 2003 bedarf es einiger Kühnheit, ein Einfamilienhaus in Manhattan, gleich welcher Art, als zweitklassig vornehm zu bezeichnen, aber meins war ursprünglich nicht einmal das. Es ist fünfzehn Fuß, knapp fünf Meter, breit (die meisten Stadthäuser sind ein bis drei Meter breiter), hat zwei Zimmer pro Stockwerk und ein Untergeschoss, das früher der Kohlenkeller war. Einen Block weiter östlich wohnte eine »bessere« Schicht von gebürtigen New Yorkern in prachtvolleren Häusern mit »englischen Souterrains« halb unter, halb über dem Straßenniveau und Fassaden im anglo-italianisierten Stil. Meinem Sohn jedoch sind solche feinen und in jedem Fall überholten gesellschaftlichen Abstufungen gleichgültig: Er findet, wir haben zu viel Platz (hatten wir vielleicht auch, bis ein Freund ihm ein Schlagzeug schenkte), und würde gern »wie alle anderen« in einer normalen Dreizimmerwohnung wohnen. Zum Trost für die Peinlichkeiten des Privilegs übertrage ich ihm Aufgaben, unter anderem das Abschließen am Abend. Mitten im kalten Winter, wenn die Hunde in den anderen Gärten heulen und der Wind rauscht, gesteht er manchmal schuldbewusst, dass er sich einen Portier wünscht. Wir haben das Haus zu einer Zeit gekauft, als die meisten New Yorker sich, wie mein Sohn – und das ist der Grund, warum wir es kaufen konnten –, vor einem Garten mit dunklen Schatten, einer Haustür, die von der Straße in die Küche führt, und Schlafzimmerfenstern, die man über eine Anstreicherleiter erreichen kann, fürchteten. Aber Verunsicherung ist ein Luxus, an dem ich grundsätzlich nicht spare.

Nach der gründlichen Lektüre eines richtungsweisenden Buches über New Yorker Reihenhäuser, Charles Lockwoods *Bricks and Brownstones*, machte ich mich eines Morgens in Sportschuhen auf den Weg, um zu überprüfen, was ich von dem Gelesenen behalten hatte. Besonders zuversichtlich, was meine Wahrnehmungsgabe anging, war ich nicht, da ich bei ähnlichen Übungen in den Rambles im Central Park kläglich versage, wo ich Vögelbeobachten für Idioten mache und kaum in der Lage bin, eine Krähe von einer Ente zu unterscheiden. Obwohl es bei den Häusern weniger Stilrichtungen gibt als

Vogelarten im Central Park, sind es immer noch reichlich: Federal aus rotem Backstein (die früheste Form, fast ohne jeden Schmuck), Greek Revival (leicht erkennbar an sich verjüngenden Säulen mit dorischen oder ionischen Kapitellen), Neugotisch (düster-schaurig), italianisiert (klassischer Brownstone mit vorgesetzten Stufen), Second Empire (mit Mansardendach), Neo-Klassizismus (»rechtwinklige Formen und eingeritzte Details«), Queen Anne (asymmetrisch und düster, eingezogener Eingangsbereich), romanisiert (Rundbögen und byzantinischer Blattschmuck), Renaissance (heller Kalkstein oder gelber Backstein mit verzierten Stützpfeilern), Colonial Revival (Lünetten) und meine liebste Multiple-Choice-Variante: »eklektisch«. Außerdem gibt es noch ein paar ländlich anmutende Fachwerkhäuser sowie ein paar vereinzelte Backsteinhäuser mit holländischen Zinnengiebeln. Ich hatte keine Mühe, Wohnhäuser aus Stahl und Beton mit Außenwänden aus durchscheinendem Glas als Hommage an den Modernismus zu erkennen, aber es fiel mir nicht leicht, die verschiedenen Stile des 19. Jahrhunderts auseinanderzuhalten, was zum Teil natürlich daran lag, dass so wenige Reihenhäuser noch in ihrem ursprünglichen Zustand sind. Mein eigenes, zum Beispiel, das im Prinzip eine Billigversion im italianisierten Stil sein müsste, wurde in den dreißiger Jahren von einem modebewussten Architekten innen und außen aus seinem jungfräulichen Zustand in einen »neoklassizistischen« Stil versetzt; die Vorderfront wurde von Stufen, Sims und Fensterstürzen befreit, die Innenräume von den Walnussholzverkleidungen und Blumenverzierungen. Ganz ähnlich wurden zahllose überfrachtete Jungfrauen ihrer schweren Petticoats entledigt und zu Frauen von Welt verwandelt.

Ich weiß, dem Wunsch zur Anthropomorphisierung sollte man widerstehen, aber die Town Houses haben eine Präsenz und eine Gefälligkeit, die den monolithischen Formen moderner Wohnhäuser, besonders den Wohntürmen, abgehen. Die »menschlichen« Qualitäten sind offensichtlich an Größe, Alter und die Merkmale von Handarbeit gebunden, aber vielleicht nicht nur. Das Gebaren alter Häuser – ihre Solidarität und ihre Hartnäckigkeit als Überdauernde – lässt sie belebt erscheinen. Mit Graffiti überzogene Reihenhäuser in Hell's Kitchen (die meisten hoffnungslos heruntergekommen, ein paar erstaunlicherweise heil) erinnern mich an geschminkte Mädchen in bunten Fummeln, die in einem Tanzschuppen an der Wand entlang stehen. In Fort Greene gibt es mehrere einheitliche Reihen in Braun, die in ihrer männlichen Würde so feierlich wirken wie Kadetten auf einem Gruppenfoto. Eine Funktion von Hochhäusern ist es, Neugier und Verunreinigung abzuwehren, und sie erwidern Blicke mit sachlich-steiniger Undurchschaubarkeit. Nach meinem Empfinden wohnt Reihenhäusern etwas Seelenvolles inne, und jetzt kann ich auch formulieren, was das ist: Ein Haus mag das Geheimnis seines Innenlebens für sich bewahren, aber sein Gesicht lädt dazu ein, dass wir uns dieses Innenleben ausmalen.

Sally: Wenigstens habe ich die Wohnung bekommen.
Harry: Das höre ich dauernd. Aber mal ehrlich, was ist so schwer daran, in New York eine Wohnung zu finden? Man muss nur die Traueranzeigen lesen. Na klar, man findet raus, wer gestorben ist, geht zum Gebäude und gibt dem *doorman* ein Trinkgeld. Die Sache ließe sich allerdings ungemein vereinfachen, wenn die Traueranzeigen mit dem Immobilienteil zusammengelegt würden. So in etwa: »Mr. Klein ist heute verstorben, er hinterlässt seine Frau, zwei Kinder und eine großzügige Dreizimmerwohnung mit offenem Kamin.«

Nora Ephron, Harry und Sally

Helene Hanff

Sommer im Central Park

In meinem Buch über New York habe ich geschrieben, dass sich die New Yorker im Sommer in zwei Gruppen einteilen lassen: die, die am Wochenende immer wegfahren, und die, die am Wochenende nie wegfahren. Ich gehöre zu denen, die am Wochenende nie wegfahren. Ich weigere mich, eine Tasche zu packen, den Bus zum Bahnhof zu nehmen, mit dem Zug nach Long Island zu fahren und auszupacken, nur um anderthalb Tage später alles in umgekehrter Reihenfolge zu machen.

Nina fährt an den Wochenenden auch nicht weg, aber Richard liebt Wochenendtrips, doch meistens kann er sich nicht loseisen. Er ist leitender Angestellter in einer großen Computerfirma und hat die ganze Zeit einen Beeper dabei, der nachts sogar neben seinem Bett liegt, und wenn der Beeper piept, heißt das, dass er im Büro anrufen muss, weil es einen Notfall gegeben hat. Sehr beeindruckend. Er hat ein schickes Auto mit Klimaanlage, und wenn er nicht das ganze Wochenende freimachen kann, möchte er sonntags wenigstens mit uns – seinem Freund Schor, Nina und mir – zum Jones Beach fahren.

Er hat seine ganz eigene Methode, wie er dem Verkehr und den Massen am Strand ein Schnippchen schlägt. Er fährt um sieben Uhr morgens los, wenn die Straßen noch leer sind, und kommt um neun Uhr am Strand an, wenn noch kein Mensch da ist. Um ein Uhr mittags, wenn der Strand sich füllt, hat er schon genug von der Sonne und fährt wieder zurück, während der Verkehr in die andere Richtung strömt. Aber ich quäle mich sechs Tage in der Woche um sieben Uhr aus dem Bett und möchte am Sonntag gern länger schlafen; außerdem verbringe ich den Tag lieber im Central Park, als am Strand in der

Sonne zu schmoren. Deswegen lehne ich jedes Mal ab, wenn Richard mich fragt.

Und so fuhren Richard und Schor am letzten Sonntag um sieben zum Jones Beach und kamen um neun Uhr, als die Stadt noch schlief und der Strand verlassen lag, dort an. Richard rieb sich dick mit Sonnencreme ein, legte sich in die Sonne und schloss die Augen. Da piepte sein Beeper. Sofort im Büro anrufen. Es dauerte zwanzig Minuten, bis sie ein Telefon gefunden hatten, und fünf Minuten später saßen sie im Auto und fuhren wieder in die Stadt, weil einer von Richards Computern nicht funktionierte und der Mann vom Sonntagsdienst nicht wusste, wie man ihn reparierte.

Es stimmt also, dass man besser dran ist, wenn man in den Central Park geht. Man geht so gegen eins, nimmt ein paar Teile der *Sunday Times* mit und verbringt den Tag in einem Ruderboot oder unter einem Baum. Und man packt sich ein Picknick für den Abend ein, denn die Sommerabende im Park sind wunderschön.

Vielleicht findet auf der Sheep Meadow ein Konzert der New Yorker Philharmoniker statt, oder es wird eine Puccini-Oper von der Met aufgeführt. Die Sheep Meadow – fünf Straßenblocks lang und mehrere Blocks breit – ist eine riesengroße Rasenfläche, auf der man so eng zusammenrücken kann, dass schließlich 250 000 Menschen darauf Platz finden. Die Konzerte und Opern sind gratis, so wie auch die allabendlichen Shakespeare-Aufführungen im Theater im Central Park. Aber in das Theater passen nur dreitausend Menschen, und man muss sich ab dem Nachmittag für die Karten anstellen, die innerhalb einer halben Stunde vergeben sind. Man sitzt Schlange auf dem Rasen, und wenn man eine Karte erstanden hat, isst man sein Picknick.

Meine Freundin Didi, die neben mir in 8-F wohnte, hatte einen anderen Stil. Didi war sehr hübsch und sehr weiblich, und sie liebte den eleganten viktorianischen Stil. Sie pflegte ihre Freunde zu einem Picknick vor der *Shakespeare-in-the-Park*-Vorstellung einzuladen; man traf sich bei ihr, und wenn die Gruppe zum Picknick aufbrach, sah ich ihnen nach: Einer der jungen Männer trug eine abgedeckte Silberplatte, ein anderer trug den Weinkübel, die Frauen hatten Didis gute Salatschüsseln auf dem Arm, und Didi selbst bildete die Nachhut mit einem Weidenkorb, in dem das Silberbesteck, eine Tischdecke und die Servietten verstaut waren. Es war ein unglaublicher Anblick, wenn sie dies alles auf dem Rasen im Central Park ausbreitete und anmutig das Picknick austeilte – unter den faszinierten Blicken von dreitausend Hot Dog essenden New Yorkern.

Als Schor und ich am Sonntagabend um zehn vom Park über die Park Avenue nach Hause gingen, wussten wir, dass Sommer ist. Park Avenue ist immer noch die Straße, in der die sehr Reichen wohnen, und die haben die Angewohnheit, ihre Wohnung in der Stadt für den Sommer abzuschließen und zu verreisen. Beim Überqueren der Park Avenue sahen wir die lange Reihe der Wohnblocks, alle stockfinster. Schor zeigte auf ein einzelnes Licht in einem der dunklen Häuser und sagte: »Der Hausmeister ist da.«

An der Third und der Second Avenue, wo die Gehaltsempfänger leben, war jedes Gebäude hell erleuchtet. Die meisten Bewohner waren von ihren Wochenendausflügen zurückgekehrt. Aber nicht alle. Diejenigen von uns, die in New York bleiben, lieben es, an einem Sonntagabend im Sommer auf den Stufen vor unserem Haus zu sitzen und zuzugucken, wie die letzten Rückkehrer im Taxi vorfahren.

Sie krabbeln aus dem Wagen, verschwitzt, verbrannt, von der langen Zugfahrt zerknautscht, und schleppen Koffer, Tennisschläger und Golfschläger ins Haus. Und wenn sie müde und erschöpft die Stufen erklimmen, sagt einer von uns fröhlich: »Na, schönes Wochenende gehabt?«

Dann knurren sie nur.

Charles Reznikoff

Frühmorgens im Park

Die Blätter eine Wand
im Dunkel;
die Felskanten
körperlos
in dieser neuen Welt.
Die einzigen Bewohner, so scheint es,
sind Vögel –

und dann diese beiden,
sein Arm um ihre Taille.

Maeve Brennan

Die Sixth Avenue zeigt ihr wahres Gesicht

In letzter Zeit unternehme ich Spaziergänge, die einem bestimmten Raster folgen, denn ich bewege mich zwischen der 59. und der 45. Straße und halte mich an vier Avenues – Sixth, Fifth, Madison und Park. Meist bin ich allein, und wie ich feststelle, haben sich mir die unterschiedlichen Persönlichkeiten der vier Avenues innerhalb dieses Areals so nachdrücklich eingeprägt, dass ich ein paar Bemerkungen dazu machen möchte.

Ich habe lange überlegt, was sich Gutes über die Sixth Avenue sagen ließe, aber meine Überlegungen waren nicht von Erfolg gekrönt. Ihr wahres Gesicht zeigt die Sixth Avenue nur in den beiden Stunden nach dem Morgengrauen, wenn sie fast leblos ist. In diesen beiden Stunden, in der Stille und dem schönen klaren Licht, tritt die gespenstische, seelenlose Unordnung dieser Häuserblocks zutage, und jeder, der dort allein entlanggeht und von solcher Hässlichkeit umgeben ist, kann mühelos erkennen, dass die Sixth Avenue gar keine von Menschenhand gebaute Durchgangsstraße ist, sondern nur die mit Requisiten ausgestattete Imitation einer solchen und dass ihr Zweck nicht darin besteht, den Bewohnern der Stadt eine sichere, angenehme oder schöne Durchfahrt zu gewähren, sondern, und sei es nur für eine kurze Weile, jene Macht versöhnlich zu stimmen, die sich von der Erwartung des Chaos nährt. So weit das Auge reicht, bieten diese Häuserblocks nichts als die Drohung, oder die Verheißung, dass sie einstürzen werden. Die Gebäude haben nichts Vergangenes und nichts Zukünftiges an sich, nicht das geringste Anzeichen von gelebtem oder bevorstehendem Leben, sondern nur die Erinnerung an etwas, das nicht hätte geschehen dürfen, und die Gewähr, dass etwas anderes nicht geschehen wird.

Die Fifth Avenue ist anders. Die Fifth Avenue ist schön und breit und genügt allen Ansprüchen, die Geschäfte jedoch scheinen weit auseinanderzuliegen. Natürlich tun sie das gar nicht – sie liegen wie üblich direkt nebeneinander –, aber in der Fifth Avenue dauert das Gehen länger und erfordert mehr Anstrengung, weil die Breite der Bürgersteige einen Zickzackkurs nahelegt. Statt in der Menge, mit der Menge oder gegen die Menge zu gehen, wie ich das auf einem gewöhnlichen Bürgersteig tue, ermutigt mich der zusätzliche Raum, der Menge auszuweichen, in sie einzutauchen und mich wieder aus ihr zu lösen. Von ihrer besten Seite zeigt sich die Fifth Avenue zwischen acht Uhr abends und acht Uhr morgens. An verkaufsoffenen Abenden streift sie ihr verlassenes Aussehen erst nach zehn Uhr über, dafür ist es an Sonntagen selbst nach zehn Uhr morgens noch ziemlich ruhig.

Die Park Avenue gibt sich der Menschheit gegenüber so gleichgültig, dass es sich nicht lohnt, dort spazieren zu gehen. Ihr Antlitz ist verschlossen, und die hübschen Blumenbeete, die auf dem gesamten Mittelstreifen angelegt sind, weisen lediglich darauf hin, dass die Straße ohne sie ganz und gar öde wäre. Freundlich sieht die Park Avenue zur Weihnachtszeit aus, wenn die großen Bäume voller Lichter sind, doch offensichtlich ist es eine Avenue, in der es sich zwar prächtig wohnen lässt, die aber nicht zum Verweilen oder zu einem Spaziergang einlädt.

Meine Lieblingsavenue, in der ich mich zu jeder Tages-oder Nachtzeit und zu jeder Jahreszeit wohlfühle, ist die Madison Avenue. Wann immer ich die Madison Avenue entlanggehe, muss ich an schöne Kleider und an Fröhlichkeit denken und an die Möglichkeit, beides auf einmal zu haben. In der Avenue, die jedes Jahr schmaler und interessanter zu werden scheint, herrscht eine sorglose, entspannte Atmosphäre. Sogar romantisch ist es dort. Die Schaufenster sind fast ebenerdig, oder scheinen es doch zu sein, sind so niedrig und so nahe, dass Sie, ganz gleich, wie eilig Sie es haben, gar nicht umhinkönnen, die Auslagen zu beachten, und oft sind die Schaufenster im ersten Stock noch faszinierender als die darunter, sodass Sie den Kopf in den Nacken legen, um zu erraten, was genau es ist dort oben, das Sie sich schon immer gewünscht haben – so hübsch ist die Farbe, so rätselhaft die Form. Gott behüte, dass in der Stadt jemals eine Revolte ausbrechen sollte, denn wenn es dazu kommt, werde ich mit meinem Stein oder Ziegel unverzüglich zur Madison Avenue gehen, die Augen schließen und einfach werfen, denn dort gibt es kaum ein Schaufenster, das nicht etwas enthält, das ich gern haben möchte.

Die ganze Zeit über habe ich versucht, etwas Gutes zu finden, was sich über die Sixth Avenue sagen ließe. Jetzt fällt mir der Spaziergang ein, den ich dort am Morgen des letzten großen Schneefalls machte. Damals wohnte ich in der 58. Straße West, und kurz nach Tagesanbruch ging ich aus meinem Hotel bis zur 45. Straße, fast ohne einer Menschenseele zu begegnen. Dichter Schnee war gefallen und fiel noch immer. Es gab keinerlei Anzeichen dafür, dass es irgendwann aufhören würde zu schneien, und als ich mich auf meinem Weg umschaute, sah ich auch keinen Grund dafür, weshalb es jemals aufhören sollte. Ich blickte auf die Gebäude in meiner Nähe und dann hinauf zu ihren Dächern, über die sich ein Schleier aus Himmel und Schnee gelegt hatte, und ich ließ meinen Blick, soweit es das Schneetreiben erlaubte, die Sixth Avenue entlangwandern, und wohin ich auch blickte, hatten die Gebäude ihr billiges, provisorisches Erscheinungsbild abgelegt und wirkten auf so dramatische Weise einsam und verloren, als wären sie in einem Kinofilm und würden in Kürze davonflimmern und für immer verschwinden. Darum muss ich zugunsten der Sixth Avenue Folgendes anführen: Sie ist der perfekt geeignete Schauplatz für Schnee, und es sollte immerzu dort Schnee fallen, Tonnen und Abertonnen Schnee, die die Avenue so gut wie unpassierbar machen, sodass jeder, dem es gelingt, sich durch sie hindurchzukämpfen, sie voller Zuneigung betrachtet, weil die Sixth Avenue eine Eigenschaft besitzt, die auch manche Menschen, bisweilen ganz plötzlich, erwerben – eine Eigenschaft, die sie dazu verdammt, erst in dem Augenblick geliebt zu werden, wenn man sie zum allerletzten Mal ansieht.

Charles Simic

Paradies

In einer Gegend, die früher »Hell's Kitchen« genannt wurde,
Wo ein Bettler vorgab, auf Neros Geige zu spielen,
Während die Stadt in der Hitze des Hochsommers brannte;
Wo eine Friseurin, die sich Cleopatra nannte,
Die Schere des Schicksals über meinem Kopf schwang
Und Ohren und Nase abzuschneiden drohte;
Wo abends ein Mann und eine Frau nackt
Durch eine der dunklen Seitenstraßen gingen.

Das muß ein Traum sein, sagte ich mir.
Es war als träfe man ein Sphinxenpaar.
Ich erwartete, dass sie Flügel hätten, Löwenleiber:
Er mit seinem wild tätowierten Oberkörper;
Sie mit ihren riesigen, baumelnden Brüsten.

Es geschah so schnell und ist so lange her!

Kennst du die Zeit kurz vor Tagesanbruch
Wenn man das Verlangen hat auf kühlen Laken
In einem abgedunkelten Raum zu liegen?
Die Stunde zu der sich die schönen Selbstmörder,
Die nebeneinander im Leichenschauhaus liegen,
Erheben und ins erste Licht hinaustreten.

Die Vorhänge billiger Absteigen, die aus Fenstern flattern
Wie Möwen, während alles andere still ist ...
Dampf, der aus den Schächten der U-Bahn aufsteigt ...
Körper, die von Schweiß glänzen ...
Ein Wahnsinn, man könnte sogar sagen, das Paradies!

Frank O'Hara
Einen Schritt von ihnen entfernt

Ich habe Mittagspause und so gehe ich
zwischen den bienenfarbenen Taxis
spazieren. Erst den Bürgersteig entlang,
wo Arbeiter mit gelben Helmen – wohl zum Schutz
vor herabfallenden Ziegeln – ihre dreckig
glänzenden Torsos mit Sandwiches und Coca-Cola
füttern. Dann auf die Avenue, wo Röcke über hohen
Hacken wippen und sich über Straßengittern
bauschen. Die Sonne brennt, doch die Taxis
wirbeln die Luft auf. Ich sehe mir Armbanduhren
im Sonderangebot an. Katzen
spielen im Sägemehl.
Weiter
zum Times Square, wo das Schild Rauch
über meinen Kopf bläst und weiter oben
der Wasserfall herunterrinnt. In einem Eingang
steht ein Schwarzer mit einem Zahnstocher, den er träge
hin- und herbewegt. Eine
blonde Tänzerin klackert vorbei: Er lächelt
und reibt sich das Kinn. Plötzlich
hupt es überall: Es ist 12.40 Uhr an
einem Donnerstag.
Neon bei Tageslicht ist ein
großes Vergnügen, wie Edwin Denby mal
schrieb, genau wie Glühbirnen bei Tageslicht.
Ich gehe auf einen Cheeseburger bei JULIET'S
CORNER vorbei. Giulietta Masina, die Frau
von Federico Fellini, *è bell' attrice.*
Und einen Schokoladen-Shake. Eine Dame, an
einem solchen Tag im Fuchs, packt ihren Pudel
in ein Taxi.

Heute sind viele Puerto
Ricaner auf der Avenue, das
macht es schön und warm. Erst
starb Bunny, dann John Latouche,
dann Jackson Pollock. Aber ist die Erde
so erfüllt, wie das Leben war, von ihnen?
Und man hat gegessen, man geht spazieren,
vorbei an den Zeitschriften mit den Nackten
und den STIERKAMPF-Plakaten und
dem Manhattan Storage Warehouse, dem Lagerhaus,
das bald abgerissen wird. Ich dachte immer,
die Armory Show hätte da stattgefunden.
Ein Glas
Papayasaft, dann wieder an die Arbeit. Mein Herz
ist in meiner Tasche, es sind Gedichte von Pierre Reverdy.

Calvin Trillin
Erinnerungen eines Axtmörders

Halloween ist mein Feiertag. Da ich in New York wohne, habe ich jede Menge Feiertage zur Auswahl. Für Christi Himmelfahrt werden hier jedes Jahr die Parkvorschriften außer Kraft gesetzt, ebenso für Shemini Azeret und Eid al-Adha, das muslimische Opferfest. In meinem Viertel gibt es Leute, die sind darauf spezialisiert, das Fest des Heiligen Antonius zu feiern. In anderen New Yorker Gegenden – nicht bloß in Chinatown in Lower Manhattan, auch in anderen chinesischen Vierteln, etwa in Queens – lässt man im Februar alles stehen und liegen, um das chinesische Neujahr zu feiern. In New York ist es keineswegs unüblich, dass mehrere tausend Menschen für einen Feiertag auf die Straße gehen, von dem man in anderen Teilen des Landes noch nie gehört hat. Mich würde es jedenfalls nicht wundern, wenn es in Borrough Park oder Williamsburg jemanden gäbe, der bei Freunden und Bekannten nur als der »Tischa-BeAv-Typ« bekannt ist. Und für einc Vielzahl von Nationalfeiertagen diverser Länder finden riesige Paraden auf der Fifth Avenue statt – meist sonntags, weil nur Italiener und Iren genügend Einfluss haben, um die Fifth Avenue auch wochentags für eine Parade sperren zu lassen. Es gibt New Yorker, denen würde es nicht im Traum einfallen, die Stadt an dem Tag zu verlassen, an dem ihr kulturelles Erbe gefeiert wird – etwa am Tag der Gedenkfeier zur Befreiung Griechenlands, zur Wiedervereinigung Deutschlands oder am Geburtstag von Sun Yat-sen. Und ich bin immer an Halloween in der Stadt.

Von den New Yorker Stadtbezirken ist Greenwich Village durch Architektur und Gesinnung für Halloween-Feiern zum Glück besonders gut geeignet. In meinem

Viertel kann es durchaus passieren, dass einem Erwachsenen Ende Oktober auf die Frage »Als was gehst du?« statt mit einem verständnislosen Blick mit der ausführlichen Beschreibung eines Kostüms des mexikanischen Totentags geantwortet wird, unter Umständen mit einer ungeahnt genauen Erklärung seiner symbolischen Bedeutung. Viele Villager brauchen auch keinen Feiertag oder nur einen Samstagabend, um sich auf eine Weise anzuziehen, die man woanders vermutlich verkleiden nennen würde. Ich war schon immer der Ansicht, dass gut zehn bis fünfzehn Prozent der im Village alltäglich herumlaufenden Leute in anderen amerikanischen Städten von der Polizei festgehalten oder doch zumindest vom örtlichen Fernsehsender interviewt werden würden.

Die meisten Wohngebäude im Village sind Brownstones, Sandsteinhäuser für eine oder zwei Familien, nicht diese massiven New Yorker Hochhäuser, in denen jeweils sicher mehr Familien wohnen als in ganz Terre Haute. Ich bilde mir gern ein, dass ich mir stets die größte Mühe gegeben hätte, meinen Töchtern die wichtigeren Kulturwerte unserer Gesellschaft zu vermitteln, ganz unabhängig davon, wo sie aufwuchsen, aber da ich selbst im Mittleren Westen groß geworden bin, wo man gewöhnlich in Einfamilienhäusern wohnt, weiß ich, dass ich die Erfahrung, »Süßes, sonst gibt's Saures« in einem Hochhaus der Upper East Side zu rufen, absurder gefunden hätte als irgendeines der Kostüme, die einem im Village über den Weg laufen. Ich sehe den Türsteher regelrecht vor mir, wie er »Wen darf ich melden?« fragt und dabei mit eisigem Blick Sarah in ihrem Puh-der-Bär-Kostüm mustert, dann Abigail, die mit mäßigem Erfolg vorgibt, ein Känguru zu sein, und schließlich mich selbst. Wie es der Zufall will, trage ich dieses Jahr eine Maske, deren unglückselige Wirkung auf andere Leute darin besteht, all die tief verschütteten Ängste zu wecken, die sie in Bezug auf Axtmörder hegen mögen.

An dem Halloween kurz nach Abigails siebtem Geburtstag, Sarah war damals dreieinhalb, liefen wir früh am Abend die Seventh Avenue entlang und dachten daran, ein zweites Mal bei einem unserer lukrativsten »Süßes, sonst Saures«-Kandidaten zuzuschlagen, nämlich in Kens und Eves Eckgeschäft, das wir damals nur das Kaugummibüdchen nannten. Ken und Eve waren ein junges Paar, das einen bewusst altmodischen Laden gleich um die Ecke von unserem Haus führte – kaum mehr als einen winzigen, stets überfüllten Raum mit abgetretenem Linoleumboden und einer Marmortheke an der hinteren Wand, weshalb die Kunden sich eher in der Ladenmitte sammelten, als auf dem Weg nach draußen nur kurz an der Kasse stehenzubleiben und das Katzenfutter oder ihr Roastbeef-Sandwich zu bezahlen. Ken und Eve kannten die meisten Kunden mit Namen und liebten es, jeden ins Gespräch zu ziehen, der zufällig vor der Theke stand und eigentlich nur darauf wartete, seinen Viertelliter Milch bezahlen zu können, oder der unter den Dosen an der Wand nach der richtigen Suppe suchte. Einige Kunden kannten sich durch Ken, der (gelegentlich als hinter der Wurstschneidemaschine hervordringende, körperlose Stimme) die Leute gern damit anredete, dass er sagte: »He, ihr zwei, ihr müsstet euch eigentlich kennen – ihr seid Nachbarn.« Im Laden gab es einen Schaukelstuhl, meist besetzt, eine Auswahl selbstgemachter Kekse und drei oder vier antike, aber noch bestens funktionierende Kaugummiapparate. Abigail und Sarah haben das Kaugummibüdchen geliebt. Irgendwann machten Ken und Eve ein Restaurant daraus, in dem es eine erstaunliche Auswahl von Gerichten gab, darunter solche Spezialitäten wie ägyptische Burritos, White-Trash-Rösti oder postmoderne Truthahn-Sandwiches; außerdem erlaubten es die Gepflogenheiten des Hauses jedem Gast, sein pikantes Gericht nach einer Schärfeskala von eins bis zehn zu bestellen (auch wenn sich allerdings eine Kellnerin aus humanitären Gründen weigerte, über den Schärfegrad sechs hinausgehende Bestellungen anzunehmen). Abigail und Sarah haben dieses Restaurant ebenfalls geliebt; für sie war es wie eine Verlängerung unserer eigenen Küche.

Als Ken und Eve noch das Kaugummibüdchen hatten, war unter Halloweenern allgemein bekannt, dass es bei ihnen die beste Auswahl an Bonbons im ganzen Viertel gab. Sie hatten darüber hinaus ein ziemlich breit gefächertes Angebot von Süßigkeiten und gehörten zu jenen Menschen, die wussten, dass es – ganz unabhängig davon, welchen Ernährungsgrundsätzen man die restliche Zeit des Jahres anhing – schwere Spielverderberei war, an Halloween Äpfel, Müsliriegel, Mungbohnencracker oder Bonbons zu verteilen, die aus mit Obstsaft gesüßten Sojaresten bestanden. Auf dem Weg über die Seventh Avenue zum Kaugummibüdchen setzte ich eine andere Maske auf; die Mühe, die es mir bereitete, mich zwischen diversen Möglichkeiten zu entscheiden, führte in jenen Tagen oft dazu, dass ich mit zwei oder gar drei Masken loszog. Vielleicht gab ich mich auch der Illusion hin, dass Ken und Eve uns auf diese Weise nicht als Wiederholungstäter erkannten.

Höhe Sheridan Square hörte ich eine Band spielen. Die Musik kam näher. Das war keine dieser Marschkapellen, eher Musik, wie ich sie aus Theaterstücken von Bertolt Brecht kannte. Und plötzlich strömte vor uns eine Parade über die Seventh Avenue, zwei-, dreihundert Teilnehmer, nahezu alle verkleidet, Kinder ebenso wie Erwachsene. Darunter waren Kreaturen, die jegliche Verkleidungskünste selbst des hingebungsvollsten Halloween-Zelebranten bei Weitem überstiegen. So lief ein gut drei Meter hoher Fin-de-siècle-Dandy mit gewaltigem Gesicht an uns vorbei, offenbar aus einer Art Pappmaché. Er befand sich in Begleitung eines sogar noch größeren, noch fideleren Flittchens. Ein Dutzend Umzügler mit langen Bambusstangen hielten eine durch die Luft tauchende, tanzende Zwölf-Meter-Schlange hoch, die verspielt nach den aus den Fenstern schauenden Leuten im ersten Stock schnappte. Es gab einen mächtigen Hummer und ein zweiköpfiges Untier, das an ein groteskes Schwein erinnerte. Vier, fünf Leute, die aussahen, als wären sie gerade einer Pyramide entstiegen, zogen einen riesigen ägyptischen Löwen auf Rädern hinter sich her. Abigail, Sarah und ich schauten der Parade einige Minuten zu, dann nahmen wir die Einladung eines freundlichen Skeletts an und reihten uns ein. In der Begleitung von Hexen und Cowboys, Cancan-Tänzerinnen und drei Meter großen Eidechsen liefen wir einige Blocks die Straße entlang. Das Skelett erzählte uns, wir befänden uns mitten in der dritten, nun alljährlich stattfindenden Greenwich Village Halloween Parade. Ich war stinksauer. Wie hatte ich nur die ersten beiden verpassen können?

Wir sollten nie wieder eine verpassen. Wir erledigten unsere Bonbonjagd einfach ein bisschen zügiger, selbst wenn wir deshalb womöglich auf einen zweiten Auftritt im Kaugummibüdchen verzichten mussten, und schlossen uns dann der Parade an.

In der Jane Street im Oktober
sah ich drei Ginkgobäume
  der erste ist nackt bis auf die knochigen Zweige
  der zweite ist ein Tanz kleiner goldener Fächer
  der dritte ist grün wie grüner September

Grace Paley, Ein Baumrätsel

W. H. Auden
Hoffentlich auf Wiedersehen

New York ist nicht einfach eine Metropole: Es ist auch eine Stadt der Wohnviertel, und ich hatte mit meinem Viertel, in dem ich die letzten zwanzig Jahre über gewohnt habe, besonders großes Glück. (Für mich wird es immer die *Lower East Side* bleiben und nicht das *East Village*.)

Wer erfand eigentlich den Mythos, Amerika sei ein Schmelztiegel? Das ist es beileibe nicht, und als Liebhaber der Vielfalt sage ich: »Gott sei Dank«. Meine Nachbarn, die Polen, die Ukrainer, die Italiener, die Juden, die Puerto Ricaner, mögen vielleicht nicht so sein, wie sie in einem anderen Land wären, ihre Eigenheiten aber behalten sie doch bei. Mein Viertel ist voller kleiner Läden, in denen sie einen mit Namen kennen, und wie nett sie alle zu diesem WASP* waren! Bei dieser Gelegenheit möchte ich ganz besonders Abe und seinen Mitarbeitern im Spirituosengeschäft danken; On Lok in der Schnellreinigung; Joseph, Bernard und Maurice im Lebensmittelladen an der Ecke Ninth Street und Second Avenue; John, meinem Postboten; Francy, bei dem ich meine Zeitung kaufe, und Charles, bei dem ich Samen für meinen Garten in Österreich kaufe. Gott behüte Euch alle!

* *White Anglo-Saxon Protestant* (Anm. d. Ü.)

Don McNeill
Die Third Street wird geschrubbt

Der große gelbe Müllwagen bog um die Ecke First Avenue und Third Street. Glücklicherweise waren die Müllleute auf den Schock vorbereitet. Die Third Street war von Hunderten Besen schwingenden Hippies verstopft. Der Asphalt schäumte vor Putzmittel, Wolken von Scheuerpulver stoben in die Luft. Die Third Street wurde gebadet.

Der Fahrer legte den Rückwärtsgang ein, aber es war zu spät. Hippies schwärmten aus, um den Laster zu schrubben. Mit Besen, Feudeln und Wassereimern kletterten sie auf die Motorhaube und über das Fahrerhaus. Der Müllmann kurbelte sein Fenster hoch, und die Wäsche begann.

Das Sweep-In am Samstag war eine Gaudi und daher erfolgreich. Zuvor hatten die Hippies herausgefunden, dass »Liebe« ungefährlich war. Beim Be-In im Central Park am Ostersonntag hatten sie Polizisten eingekreist, »Liebe« skandiert und sie mit Narzissen beworfen. Und es klappte: Die Polizisten waren verblüfft. Beim Sweep-In fanden sie heraus, dass Saubermachen genauso effektiv war.

Ein Polizist kam auf sie zu. Ein Hippie fing an, sein Abzeichen zu polieren. Der Polizist musste lächeln.

Sie kletterten auf Laternenpfähle und schrubbten das *groovy* Glas der Ampeln, während die Lichter ihnen abwechselnd rot und grün ins Gesicht blinkten. Sie malten Gullydeckel gold an, Hydranten silber. Wie die Heuschrecken fegten sie in Kellerräume und über leerstehende Grundstücke und befreiten sie von jahrzehntealtem Kompost.

Ein junger Vater ging die Seventh Street entlang, sein Kind wie im Indianertuch auf dem Rücken, einen Schrubber und einen Hocker in den Händen. An jedem Parkverbotsschild blieb er stehen, kletterte auf den Hocker und scheuerte das Schild sauber.

Ursprünglich war das Sweep-In für die Seventh Street geplant. Die Idee war während einer Radiosendung von Bob Fass entstanden, der überzeugt war, die New Yorker Stadtreinigung sei von dem Vorhaben beschämt gewesen. »Sie wollten es mit aller Kraft unterlaufen«, sagte er. »Viermal waren sie am Vortag in der Seventh Street unterwegs.« Fass kontaktierte daraufhin die Behörde und verhandelte einen unsicheren Waffenstillstand.

Da die Seventh Street blitzblank war, wurde das Sweep-In auf die Third Street verlegt. Viele Straßenkehrer hatten die Planänderung allerdings nicht mitbekommen, und so zogen den ganzen Tag lang Kids mit ihren Besen durch den Dreck der Lower East Side und suchten den Ort, an dem es *in* sein würde zu putzen.

Der erste Schub erreichte die Third Street zwischen First und Second Avenue gegen Mittag. Lastwagen voll mit gespendetem Ajax rückten an, und die Seife wurde an Hippies, Hausfrauen und ein paar Bowery-Flüchtlinge verteilt, die das Reinigungsmittel um die Ecke für ein paar Cent weiterverkauften.

Sie schütteten das Scheuerpulver auf die Third Street und verteilten es mit Besen. Dann kamen riesige Reinigungswagen, zunächst um die Straßen nass zu machen, dann um sie zu überschwemmen.

Autos, die in der Menschenmenge festsaßen, wurden ebenfalls enthusiastisch geschrubbt. Später beklagten sich einige Fahrer, das Putzmittel habe den Lack ihrer Fahrzeuge beschädigt.

Am verlockendsten war es auf den Bürgersteigen. Ähnlich wie beim Be-In verteilten die Teilnehmer Lunch, Narzissen, Räucherkerzen und besangen die Herrlichkeit der inzwischen so-gut-wie-heiligen Banane*. Und sie

---

* Nachdem LSD ab 1966 in den USA illegal geworden war, verbreitete sich im März 1967 von Kalifornien aus die Nachricht, das Rauchen von Bananenschalen mache *high*. Unter Hippies setzte ein wahrer Bananenboom ein, bis die halluzinogene Wirkung der Früchte wissenschaftlich widerlegt wurde. Der Hype ging als *Great Banana Hoax* in die Geschichte ein. (Anm. d. Ü.)

fotografierten sich gegenseitig – jeder Dritte schien eine Kamera dabeizuhaben.

Nach einer Stunde zerstreute sich das Sweep-In, man begab sich auf die Suche nach größeren Herausforderungen. Die Putztrupps schienen sich auf leerstehende Grundstücke und Gärten zu konzentrieren, die traditionellen Müllhalden der East Side. Vielleicht hofften sie, die Plätze als Westentaschenparks retten zu können.

Kein Dreck war gefeit. Sogar Keller und Hausflure, in denen beleidigte Hausmeister vergebens Widerstand leisteten, wurden der Sweep-In-Behandlung unterzogen. Aus den Kellern wurden faulige Schätze gehoben. »Ich bin sicher, irgendwo fanden sie Nähmaschinen, wie man sie von Jacob-Riis-Fotos kennt«, kommentierte Fass. »Das letzte Mal, dass diese Keller aufgeräumt wurden, war bei der behördlichen Schrottsammlung 1941.«

Sie brachen das Tor eines alten unbebauten Grundstücks in der Third Street Ecke Avenue D auf. Eine Herde Hippies verteilte sich auf dem Grundstück und sammelte den Müll ein, eine knöchelhohe Schicht Bettfedern, Blechbüchsenkompost. Manche fegten vergebens, andere schafften den Abfall mit Händen, Schaufeln und Eimern an den Straßenrand. Sie arbeiteten schweigend in ihrer Entschlossenheit. Zu hören waren nur das Picken der Schaufeln und das vereinzelte, inzwischen geläufige Hare-Krishna-Mantra, das zum Klang von Fingerzymbeln gesummt wurde.

Nach einer Stunde war das Grundstück sauber. Am Straßenrand lag eine Tonne Müll, vorsichtig beladen mit Bananenschalen und qualmenden Räucherstäbchen. Das Gelände war eine Weide harter, nackter Erde. Auf die Mauer eines benachbarten Wohnhauses hatte jemand »Weil wir lieben« gemalt.

Es handelte sich natürlich um ein Privatgrundstück. Am nächsten Tag waren die Tore wieder verschlossen. Auf einem anderen Gelände in der Fourth Street ging der Reinigungskreuzzug ein Stück weiter und riss den Zaun nieder. Kids aus der Gegend nutzen das Grundstück als Spielplatz.

Um fünf Uhr nachmittags gab es auf der Seventh Street zwischen Avenue C und D eine Party. Der Häuserblock war ein Hippie-Außenposten im Fernen Osten, die Beatles schallten aus den Fenstern, und Schaulustige hingen von den Feuerleitern. Ein sechs Stockwerke hohes Transparent ehrte einen wohlwollenden Hausmeister: »*Super** Carl heißt euch in der Seventh Street willkommen«. Ein anderes war über die Straße gespannt: »Liebe, Gottes Religion«.

Gegen Abend rückte die Stadtverwaltung an. Müllwagen räumten die Abfallberge von den Straßen. Bürgermeister Lindsay zeigte sich erfreut vom Sweep-In und lobte es in seinem wöchentlichen Radiobericht. Die Stadtreinigung war zufrieden und erleichtert. »Wir freuen uns sehr«, gurrte ein Sprecher, »wenn die New Yorker Bürger unserer Behörde dabei helfen, die Stadt schön und sauber zu halten.«

Er hatte wohl nicht ganz verstanden, worum es ging. Das Sweep-In war eine Riesengaudi, aber man muss schon jeden Tag fegen, um »*Fun City* gegen den Dreck zu wappnen«**.

---

* Abkürzung für *superintendent* – Hausmeister (Anm. d. Ü.)

** »*Make Fun City Stronger Than Dirt*« lautete einer der Slogans des Sweep-Ins. Die Bezeichnung *Fun City* wiederum stammt von Bürgermeister John Lindsay (1966–73) und wurde in der Folge angesichts steigender Kriminalität und zunehmender Gentrifizierung meist mit sarkastischem Unterton verwendet. (Anm. d. Ü.)

Richard Price
Nachtfischen auf der Delancey. 23 Uhr

Vier Sweatshirts in einem Pseudotaxi Ecke Clinton Street an der Abfahrt der Williamsburg Bridge beim Abschöpfen der kleinen Fische. Die Task Force Lebensqualität. Ihr Mantra: Dope, Kanonen, Überstunden; ihr Motto: Jeder hat etwas zu verlieren.

»Mau heute Abend.«

Lugo, Daley, Geohagan, Scharf; Bayside, New Dorp, Freeport, Pelham Bay, alle in den Dreißigern, womit sie um diese Zeit zu den ältesten weißen Männern auf der Lower East Side gehören.

Vierzig Minuten ohne einen Biss ...

Rastlos fädeln sie sich in die engen Straßen, um selbige eine Stunde lang in endlosen engen Rechtskurven abzugrasen: Falafelladen, Jazzladen, Gyrosladen, Ecke. Schulhof, Crêperie, Makler, Ecke. Mietshaus, Mietshaus, Museum, Ecke. Pink Pony, Blind Tiger, Muffinboutique, Ecke. Sexladen, Teeladen, Synagoge, Ecke. Boulangerie, Bar, Hutboutique, Ecke. Iglesia, Gelateria, Matzeladen, Ecke. Bollywood, Buddha, Botanica, Ecke. Leder-Outlet, Leder-Outlet, Leder-Outlet, Ecke. Bar, Schule, Bar, Schule, People's Park, Ecke. Mike-Tyson-Wandbild, Celia-Cruz-Wandbild, Lady-Di-Wandbild, Ecke. Modeschmuck, Friseur, Autowerkstatt, Ecke.

Rechts und rechts und wieder rechts, so oft, dass sie, wenn sie endlich jemanden anhalten, und das werden sie, eine Weile brauchen, um ihre Beine zu finden, um in die Gänge zu kommen; so oft rechtsrum, dass sie sechs Biere später bei Grouchie um drei Uhr morgens alle stumm grollend zugucken, wie einer das Schwein hat, auf einem Sofa neben den Toiletten geritten zu werden, so oft rechtsrum, dass sie an der Bar nach rechts kippen und später, im Bett, in ihren Träumen nach rechts rucken.

»Moment ...« Scharf setzt sich jäh auf und wendet den Kopf. »Das sieht brauchbar aus. Fernlicht westwärts, vier Personen.«

»Westwärts?« Lugo gibt im dichten Verkehr Gummi. »Macht euch dünne, Mädels.« Er kurbelt die Reifen auf der Fahrerseite über die Betontrennmauer, um an einem echten Taxi vorbeizukommen, das an der Ampel wartet, macht eine scharfe Kehrtwende, zieht mit dem verdächtigen Fahrzeug gleich und späht hinein. »Weiblich, zwei Mütter, zwei Kinder.« Sie fahren vorbei, haben Blut geleckt, allesamt, dann meldet Scharf wieder: »Grüner Honda ostwärts.«

»Ostwärts will er jetzt.« Lugo macht die nächste 180-Grad-Wende und klemmt sich hinter den Honda.

»Was liegt an ...«

»Zwei Männer vorn.«

»Was liegt an ...«

»Reflektoren auf Nummernschild.«

»Getönte Scheiben.«

»Rücklicht hinten rechts.«

»Beifahrer hat gerade was unter den Sitz gestopft.«

»Danke.« Lugo klickt das Blaulicht ein und rückt dem Honda auf die Pelle; der Fahrer braucht einen halben Block, um ranzufahren. Daley und Lugo schlendern auf den Wagen zu und leuchten von beiden Seiten vorne rein. Der Fahrer, ein junger Latino mit grünen Augen, kurbelt das Fenster herunter. »Officer, was hab ich gemacht?«

Lugo beugt sich ins offene Fenster, als würde er auf einem Gartenzaun lehnen. »Führerschein und Zulassung, bitte.«

»Echt jetzt, was hab ich gemacht?«

»Fährst du immer so?« Seine Stimme ist beinahe sanft.

»Wie?«

»Blinken bei Spurwechsel und diese ganze Höflichkeitsscheiße?«

»Wie bitte?«

»Komm schon, das macht man doch nur, wenn man nervös ist.«

»War ich ja auch.«

»Nervös?«

»Sie waren hinter mir her.«

»Ein Taxi war hinter euch her?«

»Klar, okay, ein Taxi.« Er reicht ihm die Papiere. »Im Ernst, Officer, und nichts für ungut, vielleicht kann ich ja noch was lernen, aber was hab ich falsch gemacht?«

»Zum Ersten die Reflektoren auf dem Nummernschild.«

»Hey, die sind nicht von mir. Die Kutsche gehört meiner Schwester.«

»Zum Zweiten sind die Fenster zu dunkel.«

»Das hab ich ihr schon gesagt.«

»Zum Dritten bist du über durchgezogenes Gelb gefahren.«

»Da hat einer in der zweiten Reihe geparkt.«

»Zum Vierten steht der Wagen vor einem Hydranten.«

»Weil Sie mich angehalten haben.«

Lugo überlegt kurz, welche Windstärke ihm entgegenschlägt. In der Regel ist er ganz sachte, beugt sich geduldsschwer auf ein Wort ins Fahrerfenster, Aug in Aug, als wollte er sichergehen, dass seine Ausführungen auch richtig verdaut werden, scheinbar taub gegen das obligatorische Gestammel und die verbalen Ausfälle, aber ... wenn der Fahrer ein falsches Wort sagt, die unsichtbare Linie überschreitet, dann tritt Lugo, ohne den Gesichtsausdruck zu verändern, ohne Vorwarnung außer vielleicht einem langsamen Recken, einem traurigen / angewiderten Wegblicken, einen Schritt zurück und packt den Türgriff. Und die Welt ist nicht mehr die, die sie einmal war.

Aber dieser Junge geht in Ordnung.

»Ist nur zu deinem Besten. Aussteigen, bitte.«

Während Lugo den Fahrer zum Heck führt, beugt sich Daley ins Beifahrerfenster und reckt das Kinn nach dem zweiten Jungen, der dasitzt wie im Koma, mit schweren

Lidern unter einer zu großen Baseballkappe, geradeaus stierend, als würden sie irgendwohin fahren.

»Und was ist mit dir?« Daley öffnet die Beifahrertür und bietet auch ihm ein Stückchen Bürgersteig an, während Geohagan, über und über mit keltischen Spiralen, Knoten und Kreuzen tätowiert, das Handschuhfach inspiziert, den Becherhalter, das Kassettenfach und Scharf die Rückbank absucht.

Am Heck steht der Fahrer in einem Scarecrow-T-Shirt und blickt wehmütig in die Ferne, während Lugo, durch den eigenen Zigarettenrauch blinzelnd, seine Taschen durchfingert und eine dicke Rolle Zwanziger zutage fördert.

»Das ist eine Menge Schotter, Freundchen.« Nachdem er das Geld gezählt hat, stopft er es dem Jungen in die Hemdtasche und tastet ihn weiter ab.

»Na ja, sind halt meine Collegegebühren.«

»Was für eine Klitsche nimmt denn Bares?« Lugo lacht, und als er fertig ist, deutet er auf die Stoßstange. »Setzen.«

»Burke Technical in der Bronx? Ist neu.«

»Und die nehmen Bares?«

»Geld ist Geld.«

»Tatsache.« Lugo zuckt die Schultern, wartet, bis der Wagen durchsucht ist. »Was studierst du denn?«

»Möbelmanagement?«

»Schon mal im Knast gewesen?«

»Donnie.« Geohagan tritt von der Beifahrertür zurück und hält eine Zippertüte Gras hoch.

Der Junge schließt die Augen, hebt das Kinn zu den Sternen, zum Mond über Delancey.

»Seins oder deins?« Lugo deutet auf den anderen Jungen am Straßenrand, dessen Miene noch immer ausdruckslos ist wie eine Maske; der Inhalt seiner Taschen ist über die Motorhaube verstreut. »Einer war's, oder ihr seid beide dran.«

»Meins«, murmelt der Fahrer schließlich.

»Du hast meine Frage noch nicht beantwortet.« Mit der Hand auf seinem Schädel setzt Lugo ihn hinten in den Streifenwagen. »Schon mal gesessen?«

Der Junge wendet den Kopf ab und murmelt etwas.
»Schon gut, mir kannst du es sagen.«
»Ich hab ›Ja‹ gesagt.«
»Wegen?«
Der Junge zuckt beschämt die Schultern. »Dem hier.«
»Aha. Hier in der Gegend?«
»Hm-hm.«
»Wie lang her?«
»Heiligabend.«
»Heiligabend, für so was?« Lugo zieht eine Grimasse. »Das ist krass. Wer macht denn so 'ne Sch ... Weißt du noch, wer dich da abgegriffen hat?«
»Hm-hm«, murmelt der Junge, dann sieht er Lugo ins Gesicht. »Sie.«

Eine Stunde später, als der Junge im Achten geparkt ist, sind sie wieder draußen, noch ein, zwei Stunden Waffenjagd, wahrscheinlich vergeblich, noch ein paar Stunden Personalien für Daley, den festnehmenden Beamten, und da Daley versorgt ist, suchen sie noch einen für Scharf, eine allerletzte Runde, bevor sie sich in einem der Parks nach Mitternacht eine übertretene Sperrstunde krallen, das geht immer.
Beim fünfzigsten Mal südwärts auf der Houston in die Ludlow spürt Daley etwas im Schatten der Maschendrähte unter Katz's Delicatessen, nichts Greifbares, aber ... »Donnie, fahr mal rum.«
Lugo hetzt das Taxi einmal um den Block: Ludlow, Stanton, Essex, Houston, schleicht wieder links in die Ludlow, eben an Katz vorbei und steht plötzlich neben einem Wagen voller lümmelnder Zivilfahnder vom Rauschgift, dessen Fahrer sie argwöhnisch beäugt. Hier fischen wir.

Mark Russ Federman

Russ & Daughters: Die hohe Kunst des Schmoozens

Als großer *Schmoozer** wird man geboren – oder eben nicht. Grandma Russ hat immer gern *geschmoozt.* Weil sie so schlecht Englisch sprach, beschränkte sich ihr *Geschmooze* auf das Jiddisch mit den Straßenverkäufern auf der Orchard Street. Die haben immer gern mit ihr *geschmoozt*, weil sie zu den wenigen Kunden gehörte, die niemals *hondelten.* Grandpa Russ dagegen hatte weder die Zeit noch die Geduld zu *schmoozen.* Tante Hattie und Tante Ida waren große *Schmoozer*; sie konnten einen Hering aus dem Fass plaudern. Meine Mutter kam nach ihrem Vater – keine Geduld fürs *Schmoozen.* Aber mein Vater war ein *Schmoozer* wie aus dem Bilderbuch, und die Kunden standen Schlange, um von ihm bedient zu werden.

Ein paar Dinge unterscheiden einen großen von einem bloß guten *Schmoozer.* Die Fähigkeit, dem Kunden oder der Kundin das Gefühl zu geben, er oder sie sei das Einzige, wofür sich der *Schmoozer* in diesem Moment interessiert, ist entscheidend. Dafür muss man selbst das Gefühl haben, dieser eine Kunde sei ein Freund und man begegne sich sowohl auf persönlicher als auch auf geschäftlicher Ebene. Selbstverständlich darf der *Schmoozer* nicht vergessen, dass er einen Laden führt, und da wären wir beim Multitasking. Während er aufmerksam zuhört, Augen und Ohren ganz auf die Kundin gerichtet, wird der *Schmoozer* dennoch schmutzige Stellen auf der

* Kursiv sind jiddische Ausdrücke, die hier in ihrer englischen Form verwendet werden, auch wenn es zum Teil deutsche Entsprechungen gibt. *Schmooze* (dt. schmusen): plaudern; *hondel*: handeln, feilschen; *Tsuris*: Ärgernis, Sorgen; *Nachas*: Stolz, Segen. (Anm. d. Ü.)

Vitrine wahrnehmen, durcheinanderliegende Heringe, aufzufüllende Salate, ein klingelndes Telefon. Ein wirklich großer *Schmoozer* kann anderen bedeuten, sich um all dies zu kümmern, ohne auch nur einmal den Blick von der Kundin zu wenden, mit der er gerade *schmoozt*. Ein gutes Gedächtnis ist von größter Bedeutung, auch für einen geborenen *Schmoozer*. Namen muss man sich selbstverständlich merken können, aber nicht nur den des Kunden, der da zur Tür hereinkommt, sondern auch die Namen seiner Frau und Kinder. Und dazu noch jegliche *Tsuris* oder *Nachas*, von denen er beim letzten Besuch erzählt hatte. Ein Qualitäts-*Schmoozer* erinnert sich daran, was die eine Kundin das letzte Mal gekauft hat, welchen Teil vom Fisch die andere bevorzugt, wie sie ihn geschnitten haben möchte. Das perfekte *Geschmooze* muss eine nahtlose Wiederaufnahme der letzten Unterhaltung sein, auch wenn die Kundin seit sechs Monaten nicht mehr da war. Zum Beispiel:

Der gute *Schmoozer*: »Hallo, Mrs. Schwartz. Wie geht es Ihrer Tochter Rebecca?«

Der große *Schmoozer*: »Hallo, Mrs. Schwartz. Wie geht es Ihrer Tochter Rebecca? Ist denn ihr verrenkter Knöchel wieder in Ordnung? Haben Sie sich solange um die beiden Kinder gekümmert, Betsy und Andy? Ihre Enkel sind so reizend. Und klug noch dazu.«

Die Kunden, ihre ethnische Herkunft, ihre Akzente und Berufe mögen sich im Laufe der Jahre verändert haben – auch heute aber kommt niemand allein wegen einer Scheibe Räucherlachs zu Russ & Daughters. Man kommt wegen der einzigartigen Atmosphäre. Und wegen dem *Geschmooze*.

A. J. Liebling
Wir beginnen mit dem Leichenbestatter

In der Mitte eines jeden Häuserblocks in New York befindet sich meist ein Ladenlokal, das die ganze Nacht offen hat und diskret beleuchtet bleibt. Das ist das Bestattungsunternehmen. Der Leichenbestatter oder ein Gehilfe steht immer bereit und wartet, ob nicht Kundschaft kommt. Leichenbestatter sind gesellige Menschen, sie schätzen während ihrer unvermeidlichen Mußestunden Besuch. High-School-Jungs lernen in den Büros der Bestattungsunternehmen in heißen Juninächten auf die Staatsprüfungen. Die Tür steht immer offen, der Ventilator summt milde, die ganze Atmosphäre ist der nachdenklichen Gelehrsamkeit viel mehr gewogen als die überfüllte Wohnung, wo so ein Junge lebt. Polizisten, die ihren Dienstgang beenden, schauen manchmal noch beim Leichenbestatter vorbei, ehe sie in die U-Bahn steigen, zur langen Fahrt heimwärts in einen anderen Stadtteil.

Vorne im Geschäft eines Leichenbestatters liegt keine Ware aus. Gewöhnlich stehen da ein paar komfortable Stühle für trauernde Hinterbliebene, und die Polizisten nehmen auf diesen Stühlen Platz. Tagsüber ist der Leichenbestatter Schiedsrichter bei den Disputen der Kinder. Die Hausfrauen erzählen ihm von ihren Sorgen; Priester bitten ihn, den Vorsitz von Gemeindeausschüssen zu übernehmen. Zehn zu eins, dass er der wichtigste Mann der Nachbarschaft wird, wie beispielsweise mein Freund Angelo Rizzo in der Mulberry Street. Manche Straßen in New York haben einen Bürgermeister, der nicht gewählt wurde. Ein Mann lebt in einer Straße, bis das Bürgermeisteramt ihn schließlich überzogen hat wie eine Patina. Für Bürgermeister Rizzo ist die Elizabeth Street, obwohl nur zwei Straßen östlich von der Mulberry gelegen, ein fremder, ferner Ort. Zum Namenstagsfest von San Gennaro, dem Heiligen der Mulberry Street, führt Bürgermeister Rizzo mindestens drei Komitees an und bekränzt seine Auslage mit Glühbirnengirlanden. Ein Fest in der Elizabeth Street lässt ihn kalt. »Bloß so einer von diesen sizilianischen Heiligen«, sagt er.

Einmal erzählte mir Bürgermeister Rizzo, wie schwierig es für ihn sei, den Überblick über das Badengehen in seinem Sprengel zu behalten. »Ich glaube, ich muss mir da eine Sekretärin nehmen«, sagte er und half dem Geschmack der Gratiszigarre eines Sargvertreters mit einem Schluck geeistem Babera nach. Er saß vor dem Haus Nr. 179 in der Mulberry Street, thronend auf einem der eleganten tragbaren Stühle, die er für ein korrektes Begräbnis in jeder beliebigen Zahl bereithält. »Diese Zigarre sollte La Mieferosa heißen«, bemerkte er beiseite.

»Mrs. Aranciata wird fast verrückt, weil sie sich nicht erinnern kann, ob Jimmy jetzt zweiundzwanzigmal nach Cooney* Island gegangen ist oder dreiundzwanzigmal. Also kommt sie zu mir und meint, ich soll dem Kind sagen, dass es nicht mehr hingeht, denn sonst kommt vielleicht eine gerade Zahl raus und es kriegt Rheumatismus. Also hab ich ihr gesagt: ›Aber wenn es jetzt nur zweiundzwanzigmal dort war? Wenn Sie's zu Hause behalten, dann verhindern Sie, dass es wieder zur ungeraden Zahl kommt, und der Rheumatismus ist Ihre Schuld.‹

›O Madonna mia‹, sagt sie, ›was soll ich denn machen?‹

Und ich sage: ›Vergessen Sie das jetzt mal alles und tun Sie so, als wär's ein neues Jahr. Fangen Sie ganz von vorn an, und wenn er wieder nach Cooney geht, dann sagen Sie's mir, und ich halte alles auf einem Blatt Papier fest.‹ Da ist sie froh und glücklich, und natürlich erzählt sie das sofort allen Freundinnen, und jetzt hab ich vierzehn Frauen

---

* Das ist die in New York gebräuchliche Aussprache von »Coney Island«. Sie scheint mir ebenso bemerkenswert wie die in Texas herrschende Angewohnheit, »Houston« *Hughston* auszusprechen.

oder so, die alle wollen, dass ich nachrechne, wie oft ihre Familie schwimmen geht. Das ist wie damals, als ich vor ein paar Jahren im Winter eine Katze mit Spaghetti gefüttert habe, und nach einer Woche gibt's eine Warteschlange von fünfhundertachtundneunzig Katzen, und dabei eine ganze Menge sizilianische aus der Elizabeth Street.«

»Was macht's denn für einen Unterschied, wie oft man schwimmen geht, in Coney oder sonst wo?«, fragte ich.

»Was das für einen Unterschied macht?«, schrie Mr. Rizzo. »Wollen Sie etwa sagen, Sie, ein gebildeter Mann, wissen nicht, dass Salzwasserbäder einem nur guttun, wenn man sie in gerader Zahl nimmt? Jedes alte Weib in der Mulberry Street weiß das.«

Zum Beweis rief Rizzo den Streifenpolizisten herüber.

»Sie sind Italiener«, sprach der Herr Bürgermeister. »Was bringt Glück beim Badengehen, eine ungerade Zahl oder eine gerade?«

»Ungerade Zahl«, erwiderte der Beamte prompt. »Meine Schwiegermutter zählt an den Fingern mit. Sie würde nie zweimal an einem Nachmittag ins Wasser gehen oder viermal, immer drei- oder fünfmal.«

Hier wurde die Diskussion einigermaßen komplex. Manche der Spezialisten für hydrotherapeutischen Volksglauben vertreten die Meinung, jedes Untertauchen im Wasser zähle als einmal Badengehen, und wenn man bei jedem Besuch am Meer eine ungerade Zahl von Malen reingeht, leidet die Gesundheit nicht.

Andere halten dafür, dass man die Gesamtzahl der Tage im Auge behalten muss, an denen man baden gegangen ist, und darauf achten, dass man am Ende der Saison bei einer ungeraden Zahl ankommt.

»Ich weiß noch, als ich klein war, hat in einem Sommer eine alte Dame aus Kalabrien dafür gesorgt, dass ich einundfünfzigmal baden war«, sagte Al Gallichio, der Restaurantbesitzer.

Eine ehrwürdige leutselige Dame, die mit einem Einkaufsnetz voller Zucchini vorbeiwatschelte, wurde als überlegene Autorität angerufen.

»Verzeihen Sie, gnädige Frau«, sagte Bürgermeister Rizzo, »aber erlauben Sie bitte, dass wir Sie etwas fragen.«

»Gerne«, antwortete sie.

»Wenn man öfters baden geht, was bringt dann Glück – wenn man eine gerade Zahl oder eine ungerade von Malen geht?«

»Kindisch!«, sagte die Dame. »Das macht keinen Unterschied. Aber wenn man einmal angefangen hat, muss man mindestens fünfzehnmal gehen, sonst faulen einem die Knochen. Das ist der Grund, weshalb ich dieses Jahr nicht ans Meer bin, weil ich mir vielleicht fünfzehn Ausflüge nicht leisten kann.«

Sie war eine Ausnahme, denn der Glaube an Gerade oder Ungerade ist in einer seiner beiden Formen überall von der Bleecker Street bis hinab zur Park Row anzutreffen.

»Dieses Jahr ist das sehr wichtig«, sagte der Bürgermeister, »weil wir keine öffentliche Badeanstalt in der Nachbarschaft haben. Früher gab es ein Badehaus am Center Market Place, wo der Mann einen für fünf Cent duschen ließ. Natürlich haben nicht einmal die alten Leute nachgezählt, ob eine Dusche gerade oder ungerade war. Aber jetzt hat die Broome-Street-Tamanakel*-Kirche das Gebäude gekauft. Viele von den alten Häusern hier haben nicht mal eine Badewanne, also ist die nächste Bademöglichkeit in der Allen Street, und da sagen die Leute sich, sie können ja auch gleich raus nach Cooney gehen.

Ob ich an dieses Gerade-ungerade-Dings glaube?«, sagte er. »Na ja, ich sag's Ihnen. Ich bin bloß ein einziges Mal, also eine ungerade Zahl, an der Battery schwimmen gegangen, und so ein Junge drückt mir den Kopf unter Wasser, dass ich fast ertrunken bin, da habe ich mir gesagt, wenn ich noch mal hingehe, das ist dann eine gerade Zahl und bringt noch mehr Unglück, wahrscheinlich komme ich dann gar nicht mehr hoch, also schwimme ich jetzt bloß noch in der Badewanne.«

---

* Eine lokale Version von »Tabernakel«.

David Sedaris
Unser Küchenchef empfiehlt

An seinem Geburtstag sitzen Hugh und ich in einem New Yorker Restaurant in Erwartung unseres dreizeiligen Hauptgerichts. Er trägt seinen eigenen Anzug und Pullover und sieht darin ausgesprochen gut aus. Mir gehören nur Schuhe, Hose, Hemd und Krawatte. Mein Jackett gehört dem Restaurant und ist eine Leihgabe des Oberkellners, der anscheinend glaubt, ich würde mich in der Tracht eines Tambourmajors wohler fühlen.

Ich betrachte noch irritiert die breiten Goldlitzen an den Ärmeln, als der Kellner uns etwas bringt, das er als »eine kleine Anregung für den Gaumen« bezeichnet. Die Anregung hat die Größe und Farbe eines Heftpflasters, das, von etwas Grünzeug gekrönt, auf einem schlammfarbenen Soßenklecks schwimmt.

»Und das ist ... äh, was genau, bitte?«, fragt Hugh.

»Das«, wirft sich der Kellner in die Brust, »ist unser roher Atlantik-Schwertfisch auf Zartbitter-Schokoladenmousse mit frischer Minze.«

»Nicht schon wieder«, sage ich. »Können Sie sich nicht mal was Originelleres einfallen lassen?«

»Tolles Jackett«, flüstert er mir zu.

Grundsätzlich bin ich kein großer Fan von New Yorker Restaurants. Es fällt mir schwer, mich mit einem Lokal anzufreunden, das einem einerseits das Rauchen verbietet, andererseits aber nichts dabei findet, rohen Fisch in einer Schokoladenpfütze zu servieren. Es gibt einfach keine normalen Restaurants mehr. Die »Diners« sind alle durch aufgemotzte kleine »Bistros« ersetzt worden, die sich einer ursprünglichen amerikanischen Küche rühmen. Sie nennen ihre Speisen zwar traditionell, aber es sind nie die amerikanischen Gerichte, wie ich sie von früher kenne. Statt Frikadellen gibt es jetzt Medaillons von Baby-Artischocken mit Kräuterkruste, bei denen ich nie denke: Ach ja, die! Ob sie die genauso machen wie früher meine Mom?

Es hängt wohl auch damit zusammen, dass wir im falschen Viertel leben. Soho ist keine Gegend für Nudelsalat. Hier kommen die vielversprechendsten jungen Talente der Welt zusammen, um karamellisierte Singvogelbrüstchen zu schmoren oder ihre berühmte kurzgebratene Süßwasserbarsch-Carbonade an einer Rosette geraspelten Ingwers und einem Arrangement getrockneter chilenischer Blätterpilze, überzogen mit einem betörenden Hauch klarifizierten Moschusöls, anzubieten. Selbst ganz simple Speisen werden auf künstliche Art aufgedonnert – der Hackbraten wird in Meerwasser pochiert oder der Thunfischsalat mit Feigen angemacht. Wenn Kochen eine Kunst ist, befinden wir uns vermutlich zurzeit in der Dada-Phase.

Ich habe mich nie für einen besonders wählerischen Esser gehalten, aber man wird fast zwangsläufig zum Spielverderber, wenn jedes Gericht mindestens achtzehn Zutaten enthält, von denen ich eine garantiert nicht ausstehen kann. Das Entrecôte mit einem Medley erstickter Pfirsiche wäre schon was für mich, nur schreckt mich die Aspirin-Soße ab. Die Jakobsmuscheln hören sich gut an, bis man mir erklärt, dass sie in einer Bouillon aus Malzbier und vertrockneten Litschikernen serviert werden. Da ich mir nichts mehr wünsche als eine Zigarette, überfliege ich die Speisekarte stets in der Hoffnung, irgendein mutiger junger Koch hätte endlich die Tabakpflanze als Gemüse entdeckt. Egal, ob gebraten, gedünstet, gegrillt oder in Babymuscheln gestopft, Hauptsache etwas Vertrautes, an das ich mich halten kann.

Als der Kellner mit unseren Tellern anrückt, habe ich keine Ahnung, welches Gericht für mich sein könnte. In den Restaurants von gestern konnte man sich seine Bestellung nicht nur vorstellen, sondern sie auch wiedererkennen. Es gab vielleicht kleinere Abweichungen, aber im Großen und Ganzen wurde an einem Lammkotelett nicht weiter herumgemacht. Es sah auch nach dem Braten aus wie ein Kotelett, mit einem Stiel aus Knochen und einem tränenförmigen Stück Fleisch, das von einem Fettrand umgeben war. Anscheinend war das irgendwie zu unspektakulär. Bestellt man heute ein Lammkotelett, sieht es mit Sicherheit genauso aus wie die Seezungenröllchen des Nachbarn. Außerdem hat man sich angewöhnt, die Speisen sinnlos auf dem Teller aufzutürmen. Sie dürfen nicht einfach so daliegen, sondern müssen sich zum Himmel strecken wie die Wolkenkratzer in unseren Städten. Gerade so, als ob die Teller sündhaft teures Bauland wären, und der Küchenchef hat eine winzige Parzelle ohne Einschränkung der Bebauungshöhe erworben. Hughs Safran-Linguini ähneln einem Mini-Turban, der oben mit kleinen Garnelen-Türmchen bewehrt ist. Er befindet sich genau in der Tellermitte, während die große freie Fläche ringsum vermutlich als Parkplatz vermietet werden soll. An mich geht das Steak, das man nach dem gleichen minimalistischen Prinzip bereits vom Knochen getrennt, in dünne Scheiben geschnitten und zu einer Art Scheiterhaufen aufgeschichtet hat. Die dazugehörigen Kartoffeln sind entweder bis zur bloßen Essenz klarifiziert oder wurden zur Befeuerung des Grills verwendet.

»Vielleicht«, sagt Hugh, »sind sie unter deinem Fleischturm.«

So weit ist es mit uns gekommen. Hugh pustet die Yucca-Pollen von seinen verkokelten Garnelen, während ich die Ärmel meines Leih-Jacketts hochziehe und in dem Fleischturm nach den versprochenen Kartoffeln bohre.

»Da sind sie ja, genau wie ich gesagt habe.« Hugh zeigt mit seiner Gabel auf etwas, das man leicht für eine Handvoll kariöser Backenzähne halten könnte. Das Dunkle muss das Gemüse sein.

Weil ich ebenso verfressen wie masochistisch bin, folgt auf meine Standardbeschwerde: »Mein Gott, war das schlecht«, stets der Satz: »Und dann auch noch so wenig.«

Sobald wir unsere Teller geleert haben, bringt der Kellner die Dessert-Karte. Ich lerne, dass Würzfleisch nicht mehr länger dem Gabelfrühstück vorbehalten ist und dass man alles, aber auch *alles* in ein Sorbet verwandeln kann.

»Ich schaff's nicht mehr«, wehre ich den Kellner ab, der mir das Couscous aus weißer Schokolade und wilden Loganbeeren empfiehlt.

»Wenn wir kalorienbewusst sind, kann ich dem Küchenchef sagen, er soll die Crème fraîche weglassen.«

»Nein«, wiederhole ich, »es geht wirklich nicht mehr.«

Mit dem Hinweis, wir müssten noch ins Kino, bitten wir um die Rechnung. Obwohl es bis dorthin keine zehn Minuten zu Fuß sind, drängle ich, weil ich vorher noch was essen muss. Im Kino selbst gibt's zwar jede Menge Snacks, aber ich sitze nur ungern mit einem Hamburger vor der Leinwand. Zum Glück liegt eine Hot-Dog-Bude fast auf unserem Weg.

Meine Freunde sagen immer: »Wie kannst du diesen Fraß nur essen? In der Zeitung stand, da sind Schweinelippen drin.«

»Und ...?«

»Und Herzen und Augenlider.«

Wenn ich richtig gezählt habe, sind das mal gerade drei Zutaten und insofern eine angenehme Abwechslung. Ich bestelle einen mit nichts als Senf und strahle, als der Verkäufer mir den Hot-Dog in der Horizontalen hinhält. So einfach und zeitlos, dass ich ihn auf Anhieb als etwas Essbares erkenne.

Buenas noches.
Don't mind the roaches.*

Joseph Brodsky, New Yorker Wiegenlied

* Kakerlaken einfach nicht beachten.

Michael Cunningham

In die Nacht hinein

Zeit auszugehen, einfach hinaus in die nächtliche Welt.

Und hier ist er, lässt die massive Stahltür hinter sich einschnappen und steht auf der obersten der drei Eisenstufen, die zu dem rissigen Gehsteig hinabführen. New York ist in dieser Hinsicht vermutlich die seltsamste Stadt der Welt, so viele ihrer Bewohner (wir) leben inmitten der nicht rekonstruierten Überreste der Industrieklitschen und Mietskasernen des neunzehnten Jahrhunderts, die Straßen sind wellig und voller Schlaglöcher, während gleich da drüben, um die Ecke, eine Chanel-Boutique ist. Wir gehen inmitten der Trümmer einkaufen wie die reichsten, bestgekleideten Flüchtlinge der Welt.

Die Mercer Street ist spätnachts menschenleer. Peter geht in Richtung Uptown, dann auf der Prince Street nach Osten, in Richtung Broadway, hat kein besonderes Ziel, will nur ganz allgemein zum ausgelasseneren, jüngeren Teil von Downtown, weg von der gedämpften jamesianischen Schläfrigkeit des West Village. Er nimmt sein Spiegelbild wahr, das lautlos neben ihm über die dunklen Schaufenster der geschlossenen Läden huscht. Die Halbstille der Prince Street währt knapp einen Häuserblock, dann kommt er zum Broadway, der natürlich nie ruhig ist, obwohl dieser Abschnitt wie eine Einkaufszeile in *Blade Runner* wirkt, mit seinen riesigen vorstädtischen Kettengeschäften, Navy und Banana und Etcetera, die sich hier ebenso perfekt reproduziert haben wie sonst wo, auch wenn sie ihre Waren hier im endlosen Getöse des hupenden Verkehrs ausstellen und ihre Eingänge behelfsmäßige nächtliche Unterkünfte sind, die die schlafenden Bewohner aus Pappkartons und Decken zusammengezimmert haben. Peter wartet, bis die Ampel umspringt, überquert inmitten einer kleinen Schar nächtlicher Passanten den unteren Broadway, lauter Paare und Quartette (sie bilden immer Pärchen), die weder alt noch jung sind, die eindeutig wohlhabend sind, die nachts ausgehen und sich anscheinend einigermaßen amüsieren, vermutlich von irgendwo in der Nähe hergefahren sind, in einem öffentlichen Parkhaus ihre Autos abgestellt, zu Abend gegessen haben und jetzt unterwegs sind ... wohin? Um ihre Autos zu holen, heimzufahren. Wohin sonst? Das sind keine Leute mit geheimnisvollen Aufträgen. Touristen sind sie auch nicht, sie sind nicht so wie die Gaffer und Schreihälse am Times Square, aber sie leben nicht hier, sie leben in Jersey oder Westchester, sie sind Bürger direkt aus dem Amsterdam des siebzehnten Jahrhunderts, sie überqueren den Broadway, als gehörte er verdammt noch mal ihnen, sie meinen flott auszusehen, sie meinen, sie wären Kreaturen der Nacht, sie haben Nachbarn, die *sie* für Bürger halten, weil sie nicht gern mit dem Auto nach New York fahren, weil sie lieber daheim bleiben (jetzt bricht die Frau mit dem fransigen Pashminaschal, diejenige, die mit dem Typ in Cowboystiefeln Arm in Arm geht, in Gelächter aus, ein lautes, meckerndes Lachen, ein Drei-Martini-Lachen, das man einen Block weit hört oder so), während die Bewohner von Downtown-Manhattan, diejenigen, die die Tage hier überleben, bescheidener gehen, auf jeden Fall ruhiger, eher wie Büßer, weil es fast unmöglich ist, Hybris zu bewahren, wenn man hier lebt und ständig mit der zügellosen *Andersartigkeit* anderer konfrontiert ist; Hybris fällt einem sicher leichter, wenn man ein Haus, einen Vorgarten und einen Audi hat, wenn man weiß, dass man am Ende der Welt eine Sekunde länger leben darf, weil die Bombe woanders abgeworfen wird; die Schockwelle bringt einen zwar um, aber man ist nicht das Hauptziel, man hat sich aus der Todeszone entfernt, dort, wo man lebt, wird niemand erschossen, niemand von einem blindwütigen Psychopathen erstochen, die größte Gefahr für die persönliche Sicherheit besteht darin, dass der Nachbarssohn möglicherweise bei einem einbricht und ein verschreibungspflichtiges Fläschchen aus dem Medizinschrank stiehlt.

Jetzt, da er auf der anderen Seite des Broadway ist, jetzt, da Cowboystiefel und seine lachende Frau abgebogen sind, nähert er sich da nicht Schritt für Schritt der Lower East Side, einer Gegend, in der er, Peter, mindestens genauso *bourgeois* ist, mindestens genauso pompös und ahnungslos gekleidet? Er wohnt in einem gottverdammten Loft in SoHo (wie sehr achtziger Jahre ist *das*?), er hat *Angestellte*, und da vorne, nur ein paar Blocks entfernt, sind Scharen junger Headbanger, die in uralten Mietshäusern ohne Aufzug wohnen, die sich mit ihren allerletzten Groschen Bier kaufen. Stellst du dir etwa vor, Peter, dass deine Carpe-Diem-Boots für sie weniger bescheuert aussehen als die Tony Lamas von diesem Typ? Jeder bekommt sein Fett ab, wo immer man auch ist, und je weiter du dich von deinem Reich entfernst, desto lachhafter sind dein Haarschnitt, deine Kleidung, deine Meinungen, dein Leben. In kurzer Laufdistanz von zu Hause sind Gegenden, die genauso gut in Saigon sein könnten.

Also ab nach Downtown. In Richtung Tribeca.

Teju Cole
Chinatown

An der 110. Straße stieg ich in die U-Bahn. An der 14. Straße stieg ich aus und lief rüber zur East Side, dann die gesamte Bowery runter, ziellos, an den unzähligen Läden vorbei, die Lampen und Restauranteinrichtungen verkauften. Sie sahen aus wie exotische Vogelhäuser. Schließlich erreichte ich einen belebten Platz am East Broadway. Er war nur einen Steinwurf entfernt von jenem Teil Chinatowns, der unter Touristen so beliebt war, doch er wirkte wie eine komplett andere Welt: Hier waren keine Touristen und auch sonst kaum jemand, der nicht aus Ostasien stammte. Von den Schildern der Läden und Restaurants prangten chinesische Schriftzeichen, nur selten ergänzt durch englische Übersetzungen. Und mitten auf dem Platz, der kaum mehr als eine Verkehrsinsel am Schnittpunkt von sieben Straßen war, stand eine Statue, die ich aus der Entfernung für die eines Kaisers oder Dichters hielt, die aber in Wirklichkeit Lin Zexu darstellte, der 1838 vom Kaiser als Sonderkommissar nach Guangzhou geschickt wurde, um die Verbreitung des Opiums einzudämmen. Jetzt schwärmten Tauben um das ehrfurchtgebietende Denkmal dieses chinesischen Patrioten, den die Briten wegen seiner Eingriffe in den Drogenhandel gehasst hatten. Sie überzogen es mit Exkrementen und frischten damit die weißen Guano-Schichten auf, die sich infolge früherer Ablagerungen auf der dunkelgrünen Lackierung von Mantel und Kopf gebildet hatten. Ein paar Leute saßen auf den Bänken der Verkehrsinsel, aßen Eis oder gebratene Snacks, schlenderten um das Denkmal herum und genossen die Sonne. Kaum etwas erinnerte noch daran, was dieses Viertel am Anfang des 19. Jahrhunderts gewesen war: ein Freiluftmarkt für Vieh und

Pferde, eine anstößige Gegend voller Bordelle, Tattoo-Shops und Saloons.

Jeder hier schien Chinese zu sein oder zumindest wie einer auszusehen, außer mir und einem Mann, der bis zur Taille unbekleidet war und sich mit heftigen Bewegungen seine Arme und Brust mit einem Lappen abrieb. Sein Körper hatte einen überirdischen Glanz, als wäre er gerade mit Öl übergossen worden, aber ich konnte nicht erkennen, ob er die glänzende Substanz gerade auftrug oder entfernte. Er war dunkel wie ein Schattenriss, und sein Körper war gezeichnet von vielen Stunden im Fitnessstudio oder jahrelanger körperlicher Arbeit. Niemand beachtete ihn bei seiner sorgfältigen Prozedur, die er bald unterbrach, um sein Fahrrad aufzuheben. Er schob das Fahrrad, das zu seinen Füßen gelegen hatte, aus der Sonne heraus in den behütenden Schatten des Lin Zexu. Dann setzte er die Prozedur des Einreibens oder Sauberreibens fort. Sein Körper glänzte unverändert, als sei er selbst eine Statue aus Bronze. Am Ende stopfte er den Lappen, mit dem er sich abgerieben hatte, in die Gesäßtasche seiner Jeans und sprang auf sein Fahrrad, als wäre ihm plötzlich etwas Wichtiges eingefallen. Schon raste er davon und bog in eine der kleineren Straßen. Ich sah, wie er sich durch den Verkehr schlängelte, dann war sein glänzend schwarzer Rücken unter der gleißenden Sonne im Gedränge verschwunden.

Ich bog in eine andere Seitenstraße, eine noch engere und überfülltere. Sie war gesäumt von Vorkriegsgebäuden, die einander anzurempeln schienen, jedes mit einer aufwendigen Feuerleiter, hinter der es sich der Welt wie hinter einer durchsichtigen Maske darbot. Elektrodrähte, Strommasten, vergessene Fahnentücher und ein Dickicht aus Schildern rankten sich an den Fassaden bis hoch zu den Dächern der vier- und fünfstöckigen Häuser. In den Schaufenstern wurde für Zahnhygieneprodukte, Tee und Kräuter geworben. Große Behälter waren randvoll mit Ingwerknollen und Heilwurzeln gefüllt. Es schien nichts zu geben, was es in dieser kunterbunten Flut von Waren und Dienstleistungen nicht gab, und irgendwann schien auch die willkürlichste Abfolge von Schaufenstern ganz normal: gebratene, von der Decke hängende Enten, gefolgt von aneinandergedrängten nackten Schneiderpuppen, gefolgt von flatternden Zetteln in sonnengebleichten Rottönen, zuletzt eine wilde Versammlung von Buddha-Figuren aus Bronze und Porzellan. In diesen letzten Laden trat ich ein, um der tosenden Straße zu entkommen.

Das Geschäft, in dem ich der einzige Kunde war, stellte eine Miniaturversion von Chinatown dar: Käfige in Hülle und Fülle, aus Bambus oder fein aus Metall gearbeitet, die wie Lampenschirme von der Decke hingen; handgeschnitzte Schachspiele auf der antik aussehenden Ladentheke; gefälschte chinesische Lackkunst im Stile der Ming-Dynastie, von kleinen Schmucktöpfen bis zu bauchigen Vasen, die so groß waren, dass sich ein Mann dahinter verstecken könnte; in Hongkong gedruckte humoristische Merkblätter im Stile »Konfuzius sagt« mit Sinnsprüchen auf Englisch, die Männern Rat für die Eroberung von Frauen gaben; Holzstäbchen in Porzellanhalterungen; Glasschalen in allen Farben, Formen und Stärken; und schließlich, in einer scheinbar endlos langen Glasvitrine hoch über den Regalen, eine Serie grell bemalter Masken in allen erdenklichen Variationen dramatischer Mimik.

Inmitten dieses Füllhorns saß eine alte Frau. Sie hatte kurz aufgeschaut, als ich hereinkam, war jetzt aber wieder ganz in ihre chinesische Zeitung versunken, mit einem Ausdruck, der so undurchdringlich war, dass man hätte glauben können, sie trage ihn seit der Zeit zur Schau, als die Pferde hier noch aus Trögen am Straßenrand tranken. Und als ich dort stand, in diesem stillen, staubigen Laden mit den knarzenden Ventilatoren über mir, zwischen holzgetäfelten Wänden, die nichts von unserem Jahrhundert verrieten, hatte ich das Gefühl, in eine Raum-Zeit-Krümmung gestolpert und in eines der vielen Länder geraten zu sein, in die chinesische Kaufleute gereist waren, seit es globalen Handel gab. Und wie zur Bestätigung – oder wenigstens Aufrechterhaltung – dieser Illusion richtete die alte Frau einige chinesische Worte an mich und deutete nach draußen. Dort lief ein Junge in Festtagsuniform mit einer Basstrommel vorbei, gefolgt von Männern mit Blechblasinstrumenten. Keiner spielte, doch sie marschierten feierlich im Gleichschritt die schmale Gasse entlang, die mit einem Mal auf wundersame Weise wie leergefegt war. Die alte Frau und ich beobachteten den Festzug aus der gespenstischen Stille des Ladens heraus; nur die Ventilatoren an der Decke summten, während die Musiker Reihe um Reihe an uns vorbeizogen, mit ihren ganzen Tubas, Posaunen, Klarinetten und Trompeten: Männer jeglichen Alters, einige mit fleischigen Gesichtern, andere, die aussahen, als hätten sie kaum die Pubertät erreicht, mit ersten Anzeichen von Pfirsichpflaum auf dem Kinn, und sie alle trugen ihre goldglänzenden Instrumente mit feierlichem Ernst, bis ein letztes Trio mit Rührtrommeln, gefolgt von einer abschließenden riesigen Basstrommel, getragen von einem noch riesigeren Mann, die Prozession beschloss. Ich folgte ihnen mit den Augen, bis sie hinter dem letzten Bronze-Buddha am Rand des Schaufensters verschwanden. Die Buddhas lächelten der Szene mit vertrauter Gelassenheit nach, und ihr Lächeln verschmolz zum Lächeln jener, die alle menschlichen Sorgen hinter sich gelassen hatten, dem archaischen Lächeln der griechischen Kouroi auf ihren Grabstelen, einem Lächeln, das eher auf totale Abgeklärtheit hindeutete als auf Freude. Und jetzt konnten die alte Frau und ich die ersten Töne der Trompete von draußen hören. Nur zwei Takte, zwölf Noten, ein Echo der fernen Fanfare in Mahlers Zweiter Symphonie, die nun von der gesamten Band aufgenommen wurden; eine chromatische, vom Blues infizierte Figur, eine ehemalige Missionshymne vielleicht, ein Klagelied, ein Klang wie ein entfernter Sturm. Ich konnte das Stück nicht identifizieren, aber es entsprach in jeder Hinsicht der schlichten Ernsthaftigkeit jener Lieder, die ich zuletzt auf dem Schulhof der Nigerian Military School gesungen hatte. Damals, vor vielen Jahren und Tausende Kilometer entfernt von dem sonnendurchfluteten Laden, in dem ich gerade stand, gehörten jene anglikanischen *Songs of Praise* zu unserem täglichen Morgenritual. Ich zitterte, als der kehlige Chor der Blechbläser in den Raum schepperte, während die Tuba sich behäbig durch die tieferen Tonlagen bewegte und der Klang des ganzen Ensembles wie Lichtbündel in Intervallen in den Laden fiel, bevor er sich schleichend wieder verlor, als sich die Band entfernte und in den Lärm der Stadt eintauchte.

Ich wusste nicht, ob der Zug der Kapelle Ausdruck von Bürgerstolz war oder ob es sich um eine Bestattungsfeierlichkeit handelte, aber die Melodie traf meine Erinnerung an die Morgenappelle meiner Kindheit so genau, dass ich plötzlich dieselbe Desorientiertheit und Seligkeit verspürte wie jemand, der in einem prachtvollen alten Haus steht und in der Spiegelwand eines weitläufigen Raumes die Welt in doppelter Ausführung erblickt. Ich wusste nicht mehr, wo das greifbare Universum aufhörte und das gespiegelte begann. Diese Imitation bis ins Kleinste, von jeder Porzellanvase und jedem stumpfen Fleck auf dem Lack eines gebeizten Teakholz-Stuhls, setzte sich fort in mir selbst, der ich mich, erstarrt in einer Halbdrehung, in meinem ebenso erstarrten Spiegelbild verdoppelte – ein Spiegelbild, das sich noch im selben Moment mit den gleichen Fragen herumzuschlagen begann wie sein ebenso verwirrtes Original. Am Leben zu sein, so schien es mir jetzt, als ich da stand und mir alle möglichen Sorgen machte, hieß Original und Spiegelung in einem zu sein; tot zu sein bedeutete, abgespalten zu sein, ein bloßes Spiegelbild.

Colum McCann
HOCHSEIL

Wer ihn sah, verstummte. Auf der Church Street. Auf der Liberty. Cortlandt. West Street. Fulton. Vesey. Es war eine Stille, die sich selbst hörte, schrecklich und schön. Anfangs dachten manche, es müsse eine Lichtspiegelung sein, etwas, das mit dem Wetter zu tun habe, mit dem Spiel von Licht und Schatten. Andere meinten, es sei der klassische Großstadtwitz: Jemand stand herum und zeigte nach oben, bis auch andere stehenblieben, den Kopf in den Nacken legten und bestätigend nickten, und schließlich starrten alle in den Himmel, wo gar nichts war, als warteten sie auf die Pointe eines Lenny-Bruce-Witzes. Doch je länger sie hinsahen, desto sicherer waren sie. Er stand genau am Rand des Gebäudes, eine schwarze Silhouette vor dem Grau des Morgens. Vielleicht ein Fensterputzer. Oder ein Bauarbeiter. Oder ein Selbstmörder.

Dort oben, hundertzehn Stockwerke hoch, vollkommen reglos, eine dunkle Spielzeugfigur vor bewölktem Himmel.

Man konnte ihn nur aus bestimmten Blickwinkeln sehen, sodass man an Straßenecken stehenbleiben, eine Lücke zwischen den Häusern finden, im Zickzack aus den Schatten treten musste, um einen von Simsen, Wasserspeiern, Brüstungen und Dachkanten unbehinderten Blick zu haben. Noch wusste keiner, was es mit dem Strich auf sich hatte, der zu seinen Füßen von einem Turm zum anderen verlief. Eher ließ die Gestalt des Mannes sie mit gereckten Hälsen innehalten, hin- und hergerissen zwischen Schreckensverheißung und der Enttäuschung durch das Gewöhnliche.

Es war das Dilemma der Schaulustigen: Sie wollten nicht umsonst gewartet haben, wegen eines Idioten am

Abgrund zwischen den Türmen; doch sie wollten auch nicht den Augenblick verpassen, in dem er ausrutschte, verhaftet wurde oder sich mit ausgebreiteten Armen kopfüber in die Tiefe stürzte.

Ringsum machte die Stadt weiter ihre alltäglichen Geräusche. Autohupen. Mülltransporter. Die Sirenen der Fährschiffe. Das Rumpeln der U-Bahnen. Ein Bus der Linie M 22 fuhr an den Bordstein, bremste, tauchte seufzend in ein Schlagloch. Die vom Wind verwehte Hülle eines Schokoriegels berührte tanzend einen Hydranten. Taxitüren wurden zugeworfen. In den dunkelsten Winkeln der Gassen lieferten Abfallreste sich Sparringskämpfe. Turnschuhe ließen ihre Besitzer gleichsam hüpfen. Das Leder der Aktentaschen rieb an Hosenbeinen. Ein paar Regenschirmspitzen klickten auf den Bürgersteigen. Drehtüren wirbelten Gesprächsfetzen auf die Straße.

Doch hätten die Zuschauer all diese Geräusche genommen und zu einem einzigen verrührt, so hätten sie dennoch nicht sonderlich viel gehört: Selbst wenn sie fluchten, taten sie es leise, ehrfürchtig.

Sie fanden sich zu kleinen Gruppen zusammen – neben der Ampel an der Kreuzung Church und Dey Street, unter der Markise von Sam's Barber Shop, im Eingang zu Charlie's Audio, als dicht an dicht stehendes kleines Publikum am schmiedeeisernen Zaun um die St. Paul's Chapel, im Gedränge vor den Schaufenstern des Woolworth Building. Anwälte. Liftboys. Ärzte. Putzfrauen. Köche. Diamantenhändler. Fischverkäufer. Huren in traurigen Jeans. Alle bestätigt durch die Anwesenheit der anderen. Stenografinnen. Börsenhändler. Lieferanten. Männer mit Reklametafeln. Zocker. Con Edison. AT&T. Wall Street. Ein Mann vom Schlüsseldienst in seinem Lieferwagen an der Ecke Dey und Broadway. Ein Fahrradkurier, der in der West Street an einem Laternenpfahl lehnte. Ein Säufer mit rotem Gesicht, unterwegs zum ersten Drink des Tages.

Sie sahen ihn von der Staten Island Ferry. Von den Fleischkühlhäusern an der West Side. Von den neuen

Hochhäusern im Battery Park. Von den Frühstücksständen am Broadway. Von der Plaza am Fuß der Türme. Von den Türmen selbst.

Natürlich gab es einige, die die ganze Aufregung ignorierten, die nichts damit zu tun haben wollten. Es war sieben Uhr siebenundvierzig, und sie dachten nur an ihren Schreibtisch, ihren Stift, ihr Telefon. Sie kamen aus U-Bahnhöfen, stiegen aus Limousinen und Bussen, überquerten mit zielstrebigen Schritten die Straße und verweigerten sich der Aussicht auf ein Spektakel. Wer die Tortur nicht ehrt, ist des Dollars nicht wert. Doch als sie an den kleinen Trauben von Schaulustigen vorbeigingen, verlangsamten sie ihre Schritte. Manche blieben sogar stehen, zuckten die Schultern, drehten sich nonchalant um, gingen zur nächsten Ecke, gesellten sich zu dem Grüppchen, das dort stand, stellten sich auf die Zehenspitzen, spähten über die Köpfe der anderen hinweg und führten sich mit einem »Donnerwetter«, »Junge, Junge« oder »Mein Gott« ein.

Der Mann über ihren Köpfen stand starr und aufgerichtet, und doch umgab ihn das Geheimnis der Beweglichkeit. Er stand vor dem Geländer der Aussichtsplattform auf dem Südturm und konnte jeden Augenblick den Schritt ins Leere tun.

Unter ihm segelte eine einzelne Taube vom Dach des Federal Office Building, als wollte sie seinen Sturz vorwegnehmen. Die Bewegung fiel einigen Zuschauern ins Auge, und sie folgten dem grauen Flattern vor der kleinen Gestalt des stehenden Mannes. Der Vogel schoss von einem Dach zum anderen, und da erst merkten die Leute, dass andere es ihnen in den Bürogebäuden gleichtaten, wo Jalousien hochgezogen und Fenster geöffnet wurden. Man sah zunächst nur zwei Ellbogen, eine Manschette oder einen Ärmelhalter, doch dann erschien ein Kopf oder ein seltsam wirkendes Paar Hände, die das Fenster noch ein Stück weiter emporschoben. In den nahe gelegenen Wolkenkratzern waren Gestalten zu sehen: Männer in Hemdsärmeln und Frauen in bunten Blusen –

wabernde Schemen hinter Glas, wie Pappfiguren in einer Geisterbahn.

Noch weiter oben vollführte ein Wetterbeobachtungshubschrauber eine Abwärtskurve über dem Hudson – eine Verbeugung vor der Tatsache, dass dieser Sommertag bewölkt und kühl werden würde –, und die Rotoren hämmerten einen Rhythmus über den Lagerhäusern an der West Side. Zunächst wirkte der herumschwenkende Hubschrauber schief, und ein kleines Fenster wurde aufgeschoben, als wollte der Motor tiefer Luft holen. An dem geöffneten Fenster erschien ein Objektiv und reflektierte für einen winzigen Augenblick das Licht. Im nächsten Moment fing sich der Hubschrauber und glitt elegant durch den weiten Himmel.

Ein paar Polizisten auf dem West Side Highway schalteten das Jammerlicht ein, jagten die Ausfahrten hinunter und machten den Morgen noch ein wenig faszinierender.

Eine Spannung erfüllte die Luft um die Schaulustigen, und nun, da der Tag durch die Sirenen etwas Offizielles bekommen hatte, begannen sie miteinander zu reden – ihr inneres Gleichgewicht war gefährdet, ihre Ruhe verschwunden, und sie wandten sich einander zu und begannen zu spekulieren: Würde er springen, würde er abstürzen, würde er am Rand des Dachs entlanglaufen, arbeitete er dort, war er allein, war er ein Lockvogel, trug er eine Uniform, hatte irgendjemand ein Fernglas? Wildfremde berührten einander am Ellbogen. Flüche flogen hin und her, es wurde geflüstert, das sei das Ende eines gescheiterten Raubüberfalls, der Mann sei eine Art Fassadenkletterer, er sei Araber, Jude, Zypriot, ein IRA-Mann, das Ganze sei bloß eine Publicity-Sache, eine Werbeaktion für irgendeinen großen Konzern: *Mehr Coca-Cola, Mehr Fruitos, Mehr Marlboros, Mehr Lysol, Mehr Jesus*. Er sei ein Protestler und werde gleich ein Transparent entfalten, er werde es vom Sims stoßen, damit es in der Brise flatterte wie ein riesiges Stück Himmelswäsche – *Weg mit Nixon! USA raus aus Vietnam! Unabhängigkeit für Indochina!* –, und dann sagte irgendwer, er sei vielleicht ein

Drachenflieger oder Fallschirmspringer, und alle, die es hörten, lachten, doch das Seil zu seinen Füßen verwirrte sie, und die Gerüchte begannen aufs Neue, ein Gegeneinander von Flüstern und Flüchen, verstärkt durch das zunehmende Gejaule der Sirenen, das ihre Herzen noch schneller schlagen ließ, und der Hubschrauber fand einen guten Blickwinkel westlich der Türme, während unten, im Foyer des World Trade Centers, die Polizisten über die Marmorplatten des Fußbodens hasteten und die Zivilpolizisten ihre um den Hals baumelnden Dienstmarken unter den Hemden hervorzerrten, während die Feuerwehrwagen auf die Plaza fuhren, die roten und blauen Blinklichter im Glas der Fensterscheiben blitzten, ein Tieflader mit einem Teleskopkran, an dessen Ende ein Rettungskorb befestigt war, eintraf und mit seinen dicken Rädern den Bordstein hinauffuhr und jemand lachte, als der Fahrer im schaukelnden Wagen nach oben sah, als könnte der Kran diese gewaltige, traurige Distanz überbrücken, derweil die Wachmänner in ihre Sprechfunkgeräte schrien, der ganze Augustmorgen entzweigerissen wurde, die Schaulustigen wie angenagelt dastanden und sich für eine ganze Weile nirgendwohin bewegten, die Stimmen ein Crescendo erreichten und alle möglichen Akzente zu hören waren, das reinste Babel – bis ein kleiner Mann mit rotem Kopf das Fenster seines Büros in der Home Title Guarantee Company in der Church Street hochschob, die Ellbogen auf das Sims stützte, sich hinausbeugte, tief Luft holte und hinaufbrüllte: Mach schon, du Arschloch!

Es gab ein kurzes Verharren vor dem Gelächter, einen Augenblick des Begreifens, des Respekts vor der Respektlosigkeit des Mannes, denn es war das, was viele von ihnen insgeheim dachten – Mach schon, Herrgott! Mach schon! –, und dann brach ein Sturzbach von Worten los, der sich vom Fenstersims auf die Straße zu ergießen schien und über den rissigen Bürgersteig zur Ecke der Fulton Street raste und von dort weiter den Broadway hinunter, im Zickzack durch die John Street und um die Ecke in die Nassau Street, eine wahre Kettenreaktion, ein Gelächter mit einem Unterton von Sehnsucht, von Ehrfurcht, denn vielen wurde mit einem Schauder bewusst, dass sie, ganz gleich, was sie sagten, Zeugen eines tiefen Sturzes sein wollten, dass sie sehen wollten, wie jemand in einem Bogen aus dieser Höhe herabstürzte, rudernd den Blicken entschwand, auf dem Boden aufschlug und diesem Mittwoch eine Spannung, eine Bedeutung verlieh, und alles, was es brauchte, damit sie zu einer einzigen großen Familie wurden, war eine Millisekunde des Ausgleitens, während die anderen – diejenigen, die wollten, dass er blieb, wo er war, dass er dort an der Grenze verharrte, dass er am Rand des Dachs blieb und nicht darüber hinausging – von Empörung erfüllt waren und sich den Ersteren überlegen fühlten: Sie wollten, dass der Mann sich rettete, dass sein nächster Schritt nicht vorwärts in den Himmel, sondern rückwärts in die Arme der Polizisten führte.

Sie waren gebannt.

Fiebrig.

Die Fronten waren klar.

Mach schon, du Arschloch!

Tu's nicht!

Dort oben bewegte sich etwas. In seiner dunklen Kleidung war jedes Zucken von Bedeutung. Er beugte sich vor, sah aus wie halbiert, zusammengefaltet, als würde er seine Schuhe untersuchen – ein größtenteils ausradierter Bleistiftstrich. Die Haltung eines Turmspringers. Und dann sahen sie es. Sie standen stumm. Selbst denen, die gewollt hatten, dass er sprang, verschlug es den Atem. Sie fuhren zusammen und stöhnten auf.

Ein Körper segelte durch die Luft.

Er war fort. Er hatte es getan. Einige bekreuzigten sich. Schlossen die Augen. Warteten auf den Aufschlag. Der Körper taumelte, fing sich, wirbelte herum, ein Spielball des Windes.

Ein Schrei ertönte über die Köpfe der Menschen hinweg, die Stimme einer Frau: O Gott, es ist ein Hemd, bloß ein Hemd.

Es fiel, fiel, fiel, ja, ein Sweatshirt, es flatterte, und ihre Blicke verließen es, noch während es in der Luft war, denn dort oben hatte sich der Mann wieder aufgerichtet, und neuerliche Stummheit befiel die Polizisten auf dem Dach und die Menge auf den Straßen, eine Welle durchlief sie, denn der Mann hielt, als er sich aufrichtete, eine lange, dünne Stange in den Händen, ließ sie auf und ab hüpfen und prüfte ihr Gewicht, eine lange schwarze Stange, so elastisch, dass ihre Enden wippten; sein Blick war auf den anderen Turm gerichtet, der noch eingerüstet war und wie etwas Verwundetes wirkte, das auf Rettung wartete, und nun ergab das Seil zu seinen Füßen einen Sinn, und sie würden sich, ganz gleich, was noch passierte, auf keinen Fall von hier wegbewegen – kein Frühstückskaffee, keine Zigarette vor dem Konferenzzimmer, kein nonchalantes Tänzchen auf dem Teppichboden –, das Warten hatte sich in Magie verwandelt, und sie sahen zu, wie er einen von einem schwarzen Schuh umhüllten Fuß hob wie einer, der im Begriff ist, in warmes graues Wasser zu steigen.

Die Menschen auf den Straßen hielten gleichzeitig den Atem an. Plötzlich schien die Luft ihnen allen zu gehören. Der Mann dort oben war wie ein Wort, das sie zu kennen meinten, obgleich sie es noch nie zuvor gehört hatten.

Er trat hinaus.

Don DeLillo
Falling Man

Es war keine Straße mehr, sondern eine Welt, Zeit und Raum aus fallender Asche und nahezu Nacht. Er ging nordwärts durch Trümmer und Schlamm, und Menschen rannten an ihm vorbei, hielten sich Handtücher ans Gesicht oder Jacken über den Kopf. Sie hatten Taschentücher auf den Mund gepresst. Sie hatten Schuhe in den Händen, eine Frau mit einem Schuh in jeder Hand, rannten an ihm vorbei. Sie rannten und fielen, einige von ihnen, verwirrt und unbeholfen, überall kamen Trümmerbrocken herunter, und Menschen suchten unter Autos Schutz.

Das Röhren hing immer noch in der Luft, das Bersten und Rumpeln des Einsturzes. Das war jetzt die Welt. Qualm und Asche kamen die Straße entlanggewalzt und um die Ecken, stoben um die Ecken, seismische Qualmfluten und vorbeizischendes Schreibpapier, Normblätter mit scharfen Kanten, vorbeistreichend, -peitschend, anderweltliche Dinge im Sarg dieses Morgens.

Er trug einen Anzug, hatte eine Aktentasche in der Hand. Glas in seinen Haaren und im Gesicht, marmorierte Beulen aus Blut und Licht. Er ging an einem *Breakfast-Special*-Schild vorbei, und sie kamen rennend auf ihn zu, rennende Cops und Wachmänner, die Hände fest auf die Pistolengriffe gepresst, damit die Waffen steckenblieben.

Die Dinge waren fern und still dort drin, wo er hätte sein sollen. Es geschah überall, ein Auto halb unter Schutt und Asche begraben, zerborstene Fenster, aus denen Geräusche drangen, Funkstimmen, die an den Trümmern kratzten. Er sah Menschen, von denen beim Rennen das Wasser stob, Kleider und Körper durchnässt von den Sprinkleranlagen. Weggeworfene Schuhe auf der

Straße, Handtaschen und Laptops, ein Mann saß auf dem Bürgersteig und spuckte Blut. Pappbecher kamen seltsam vorbeigehüpft.

Auch das war die Welt, an Fenstern in dreihundert Meter Höhe Gestalten, die in den leeren Raum fielen, und der Gestank von brennendem Kerosin und das stetige Gellen von Sirenen in der Luft. Der Lärm lag überall, wo sie hinrannten, Geräuschschichten stapelten sich, und er ging davon weg und zugleich hinein.

Dann war da noch etwas anderes, außerhalb all dessen, was nicht dazugehörte, hoch oben. Er sah zu, wie es herunterkam. Ein Hemd kam herunter aus dem hohen Qualm, ein Hemd, emporgeweht und im spärlichen Licht treibend und dann wieder abwärtsstürzend, auf den Fluss zu.

Sie rannten, und dann blieben sie stehen, einige von ihnen, standen schwankend da und versuchten, Atem zu holen aus der brennenden Luft, und die anfallartigen, ungläubigen Schreie, Flüche und verlorenen Rufe und das Papier, das sich in der Luft ansammelte, vorbeifliegende Verträge, Lebensläufe, intakte Fetzen Geschäftsleben, rasch im Wind.

Er ging immer weiter. Da waren Jogger stehengeblieben, andere bogen in Seitenstraßen ab. Einige liefen rückwärts, den Blick auf den Mittelpunkt gerichtet, all die sich windenden Leben dort hinten, und unablässig fielen Dinge herunter, brennende Gegenstände mit Feuerschweif.

Er sah zwei Frauen rückwärts taumeln, die schluchzend an ihm vorbeistarrten, beide in Laufshorts, und ihre Gesichter brachen zusammen.

Er sah Mitglieder der Tai-Chi-Gruppe aus dem Park in der Nähe, mit ausgestreckten Händen ungefähr in Brusthöhe standen sie da, die Ellbogen gebeugt, als könnte man all dies, auch sie, vorübergehend außer Kraft setzen.

Jemand kam aus einem Diner und wollte ihm eine Flasche Wasser geben. Es war eine Frau mit Mundschutz und Basecap, und sie zog die Flasche wieder zurück und drehte den Verschluss ab und stieß sie ihm dann wieder entgegen. Er setzte die Aktentasche ab, um die Flasche zu nehmen, halb bewusst, dass er den linken Arm nicht benutzte, dass er die Tasche absetzen musste, bevor er die Flasche nehmen konnte. Drei Polizeitransporter schlingerten um die Ecke und rasten mit heulenden Sirenen downtown. Er schloss die Augen und trank, spürte, wie das Wasser in seinen Körper drang und Staub und Ruß hinabspülte. Die Frau sah ihn an. Sie sagte etwas, das er nicht hörte, und er reichte ihr die Flasche zurück und nahm die Aktentasche. In dem langen Schluck Wasser lag ein Nachgeschmack von Blut.

Er setzte sich wieder in Bewegung. Ein Einkaufswagen stand hochkant und leer da. Dahinter eine Frau, ihm zugewandt, Absperrband um den Kopf, um das Gesicht gewickelt, gelbes Signalband, mit dem die Polizei einen Tatort markiert. Ihre Augen waren dünne weiße Kräusel in der grellen Maske, und sie umklammerte den Griff des Einkaufswagens und stand da und sah in den Qualm.

Nach einer Weile hörte er den zweiten Einsturz. Er überquerte die Canal Street und sah die Dinge allmählich anders, irgendwie. Sie wirkten nicht aufgeladen wie sonst, die gepflasterte Straße, die Cast-Iron-Gebäude. Irgendetwas Entscheidendes fehlte den Dingen überall. Sie waren unfertig, was immer das heißt. Sie waren ungesehen, was immer das heißt, Schaufenster, Laderampen, graffitibesprühte Wände. Vielleicht ist das der Anblick der Dinge, wenn keiner da ist, sie zu sehen.

Er hörte den zweiten Einsturz oder spürte in der zitternden Luft, wie der Nordturm niederging, ein leises, ehrfürchtiges Aufstöhnen von Stimmen in der Ferne. Das war er, der da niederging, mit dem Nordturm.

Der Himmel war heller hier, er konnte leichter atmen. Da waren andere hinter ihm, Tausende, die die mittlere Entfernung ausfüllten, eine nahezu geordnete Masse, Menschen, die aus dem Qualm herausliefen. Er ging immer weiter, bis er stehenbleiben musste. Es traf ihn schnell, das Bewusstsein, dass er nicht mehr weitergehen konnte.

Er versuchte sich zu sagen, dass er am Leben war, aber der Gedanke war zu vage, um sich festzusetzen. Keine Taxis unterwegs, überhaupt wenig Verkehr, und dann tauchte ein alter Lieferwagen auf, *Electrical Contractor*, Long Island City, und fuhr rechts ran, und der Fahrer beugte sich zum Beifahrerfenster und musterte, was er sah, einen Mann voll Ascheflocken, voll pulverisierter Materie, und fragte ihn, wo er hinwolle. Erst als er in den Wagen stieg und die Tür schloss, begriff er, wohin er die ganze Zeit gegangen war.

Staten Island

Die Bronx hat das Yankee Stadium; Manhattan hat Harlem, die Wall Street, den Central Park und Madison Square Garden und noch tausend andere Dinge. Queens hat das Shea Stadium und zwei internationale Flughäfen. Die Weltausstellung hat da stattgefunden. Brooklyn? Ist Brooklyn, das allein ist schon mehr als genug. Staten Island? Wir haben die Mall und die Müllhalde.

Bill Loehfelm

Ha Jin
Papagei über Bord

Fanlin kam mit der Komposition der Oper gut voran. Als er die erste Hälfte der Partitur – insgesamt 132 Seiten – einreichte, reagierte Elbert Chang, der Regisseur, erleichtert. Er habe, gestand er, Bedenken gehabt, ob Fanlin mit dem Projekt zurechtkäme. Jetzt konnte er beruhigt sein – alles fügte sich. Es waren sogar schon Sänger unter Vertrag genommen worden. So wie es aussah, würden sie die Oper kommenden Sommer auf die Bühne bringen können.

Als der Librettist Benyong, ein Exil-Dichter, der auf Staten Island lebte, drei Monate zuvor den Vertrag für *Der blinde Musiker* unterschrieb, hatte er darauf bestanden, dass der Komponist kein Wort im Libretto ändern dürfe. Er verstand nicht, dass eine Oper im Gegensatz zu Lyrik einer gemeinschaftlichen Anstrengung bedurfte. Und Elbert Chang, überzeugt von Benyongs Libretto, hatte den vom Verfasser gestellten Bedingungen zugestimmt. Für Fanlin, dessen Vorstellung von der musikalischen Struktur sich nicht immer mit dem Text vereinbaren ließ, stellte das jedoch ein Problem dar. Außerdem gab es im Text Wörter, die nicht singbar waren, zum Beispiel »*smoothest*« und »*feudalism*«. Er musste sie durch andere ersetzen, vorzugsweise Wörter, die auf einen Vokal endeten.

Eines Morgens fuhr Fanlin nach Staten Island hinaus, um von Benyong die Erlaubnis für einige Änderungen zu erbitten. Er hatte nicht vorgehabt, Bori mitzunehmen, doch kaum war er aus der Wohnung, hörte er, wie der Vogel mehrmals gegen die Tür flog und am Holz kratzte. Er schloss wieder auf und fragte: »Willst du mitkommen?« Der kleine weiße Papagei mit dem rosa Schwanz landete an Fanlins Brust, klammerte sich an dessen T-Shirt und gab ein leises Tschilpen von sich. Fanlin streichelte Bori, und gemeinsam machten sie sich auf den Weg zum Bahnhof.

Es war ein schöner Sommertag, der Himmel nach einem nächtlichen Regenschauer blank geputzt. Während der Fahrt mit der Fähre blieb Fanlin die ganze Zeit draußen und sah den in der Luft kreisenden Seevögeln zu. Einige stolzierten oder trippelten auf dem Bug des Schiffes herum, wo zwei kleine Mädchen ihnen Brotstücke zuwarfen. Bori gesellte sich zu ihnen, pickte nach dem Futter, fraß es aber nicht. Fanlin wusste, dass der Papagei das nur zum Vergnügen tat, aber sooft er ihn auch rief, der Vogel kam nicht zu ihm zurück. Fanlin sah zu, wie Bori sich aufgeregt zwischen den Möwen, Seeschwalben und Sturmvögeln bewegte. Es erstaunte ihn, dass Bori keine Angst vor den größeren Vögeln zeigte, und er fragte sich, ob er zu Hause einsam war.

Benyong empfing Fanlin so herzlich, als wären sie alte Freunde. Dabei waren sie sich erst zwei Mal begegnet, beide Male in Verbindung mit der Arbeit. Fanlin mochte den Mann, der trotz seiner dreiundvierzig Jahre das Kind in sich noch nicht verloren hatte. Immer wieder warf er den Kopf zurück und lachte schallend.

Auf dem Sofa im Wohnzimmer sang Fanlin ihm ein paar Phrasen vor, um zu demonstrieren, wie sperrig manche Wörter waren. Seine Stimme war nichts Besonderes und klang ein wenig heiser, doch wenn er eigene Kompositionen sang, war sie sicher und ausdrucksstark; er begleitete den Gesang mit lebhafter Mimik und kraftvollen Gesten und schien die Gegenwart anderer völlig zu vergessen.

Während Fanlin sang, hüpfte Bori auf dem Couchtisch herum, schlug mit den Flügeln und wiegte den Kopf, wobei sein gebogener Schnabel sich öffnete und schloss und fröhliche, unverständliche Schreie hervorbrachte. Dann hielt der Vogel inne und tippte mit dem Fuß, als wollte er den Takt schlagen. Der Dichter war begeistert.

»Kann er sprechen?«, fragte er Fanlin.

»Nein, aber er ist schlau, er weiß sogar, was Geld ist.«

»Du solltest ihm das Sprechen beibringen. Komm her, kleiner Kerl«, lockte Benyong den Vogel, der die ausgestreckte Hand jedoch ignorierte.

Problemlos erhielt Fanlin die Zusicherung des Librettisten, dass er Änderungen vornehmen dürfe, sofern diese vorher abgesprochen seien. Zum Mittagessen gingen sie in ein kleines Restaurant in der Nähe und teilten sich eine Pizza Hawaii. Benyong tupfte sich den Mund mit der roten Serviette und sagte: »Ich liebe dieses Restaurant, ich esse hier fünf Mal die Woche. Manchmal arbeite ich hier sogar an meinen Gedichten. Prost.« Er hob seinen Bierkrug und stieß mit Fanlins Wasserglas an.

Fanlin war erstaunt. Schließlich ging der Dichter keiner regelmäßigen Arbeit nach und würde vom Schreiben allein sicher nicht leben können; kaum jemand in seiner Situation konnte es sich leisten, fünf Mal die Woche auswärts zu essen. Außerdem hatte er eine Schwäche für Filme und Unterhaltungsmusik; in seiner Wohnung gab es zwei große Regale vollgestopft mit CDs und DVDs. Offenbar wurde der Dichter von seiner Frau, einer Krankenschwester, ausgehalten. Fanlin war beeindruckt von ihrer Großzügigkeit. Sie musste eine Liebhaberin der Poesie sein.

Nach dem Essen spazierten sie an dem weißen Sandstrand entlang; sie gingen barfuß und trugen ihre Schuhe in der Hand. In der Luft lag Fischgeruch, vermischt mit dem Gestank von angeschwemmtem Seetang. Bori mochte den Ozean und landete immer wieder am Rand der Brandung, wo er im Sand pickte.

»Ach, die Seeluft ist so belebend«, sagte Benyong, während er Bori zusah. »Immer wenn ich hier entlanggehe, mache ich mir meine Gedanken. Vor dieser riesigen Wasserfläche werden Dasein und der Tod des Einzelnen unbedeutend, irrelevant.«

»Und was ist dir wichtig?«

»Kunst. Nur die Kunst ist unsterblich.«

»Deshalb ist Schreiben schon immer deine Hauptbeschäftigung?«

»Ja, ich schöpfe die künstlerische Freiheit voll aus.«

Fanlin schwieg, er konnte das Bild von Benyongs aufopfernder Frau nicht ausblenden. Ein Foto in seinem Arbeitszimmer zeigte eine hübsche Frau mit breitem, aber schönem Gesicht. Der Wind frischte auf, dunkle Wolken türmten sich am Horizont.

Als die Fähre ablegte, dräuten Regenwolken über Brooklyn, stumme Blitze zuckten über den Himmel. Auf Deck ließ ein magerer Mann mit grauem Bart Tiraden über die Sünden der großen Konzerne los. Mit geschlossenen Augen schrie er: »Brüder und Schwestern, überlegt mal, wer euer Geld einsackt, überlegt, wer die Drogen in Umlauf bringt, die eure Kinder töten. Ich kenne sie, ich sehe sie jeden Tag Sünden wider den Herrn begehen. Was dieses Land braucht, ist eine Revolution, damit wir solche Schurken hinter Gitter bringen oder nach Kuba verschiffen können ...« Fanlin sah fasziniert zu, wie die Worte aus dem Mund des Mannes hervorbrachen, er schien von einem Dämon besessen, in seinen Augen flackerte ein stählernes Licht. Die anderen Passagiere nahmen kaum Notiz von ihm.

Während Fanlin sich auf den Mann konzentrierte, war Bori von seiner Schulter geflogen und flatterte über den Wellen. »Komm zurück, komm zurück!«, rief Fanlin, doch der Vogel flog weiter neben dem Schiff her.

Plötzlich wurde Bori von einer Böe erfasst und in die tosenden Wogen geschleudert. »Bori! Bori!«, schrie Fanlin und rannte in Richtung Heck, den Blick auf den Vogel geheftet, der in der Gischt dahintrieb.

Er streifte seine Sandalen ab, sprang ins Wasser und schwamm, weiter den Namen des Vogels rufend, auf Bori zu. Eine Welle schwappte ihm ins Gesicht und füllte seinen Mund mit Meerwasser. Er musste husten und verlor den Vogel aus den Augen. »Bori, Bori, wo bist du?«, rief er und sah sich verzweifelt nach ihm um. Dann sah er den Papagei etwa zehn Meter entfernt auf dem Rücken treiben. Mit aller Kraft schwamm er auf den Vogel zu.

Hinter ihm hatte das Schiff seine Fahrt verlangsamt, an Deck hatte sich eine Menschentraube gebildet. Ein Mann rief in ein Megaphon: »Keine Panik! Wir kommen Ihnen zu Hilfe!«

Endlich erwischte Fanlin den Vogel, der sich nicht rührte und den Schnabel geöffnet hielt. Tränen schossen Fanlin aus den vom Salzwasser schmerzenden Augen. Er blickte dem Sittich ins Gesicht, dann drehte er ihn um, damit das Wasser aus dem Kropf herauslief. Inzwischen hatte das Schiff gewendet und hielt auf Fanlin zu.

Eine Leiter wurde heruntergelassen. Bori mit den Lippen haltend, zog sich Fanlin aus dem Wasser. Als er an Deck war, kam der graubärtige Irre und reichte ihm wortlos seine Sandalen. Schaulustige umringten Fanlin, als er den Vogel auf das Stahldeck legte und dessen Brust mit zwei Fingern sanft massierte, um das Wasser aus dem winzigen Körper zu pumpen.

In der Ferne rollte Donner, und die Skyline der Stadt wurde von Blitzen zerrissen, während auf dem Ozean noch Sonnenflecken spielten. Als das Schiff Richtung Norden Fahrt aufnahm, entspannten sich die verkrampften Klauen des Vogels und krallten die Luft. »Er kommt zu sich!«, rief ein Mann.

Bori öffnete träge die Augen. Auf Deck brach Jubel aus, Fanlin schluchzte vor Dankbarkeit. Eine Frau mittleren Alters machte zwei Fotos von Fanlin und dem Papagei. »Außerordentlich«, murmelte sie.

Zwei Tage später erschien im Lokalteil der *New York Times* ein kurzer Artikel über die Rettung des Vogels. Er schilderte, wie Fanlin sich ohne Zögern in den Ozean gestürzt und Bori anschließend geduldig wiederbelebt hatte. Obwohl es nur ein kurzer Bericht von weniger als zweihundert Wörtern war, erregte er Aufsehen unter Fanlins Landsleuten. Innerhalb einer Woche druckte eine kleine chinesischsprachige Zeitung, *The North American*

Tribune, einen längeren Artikel über Fanlin und seinen Papagei, ergänzt durch ein Foto der beiden.

Elbert Chang kam eines Nachmittags und brachte wie versprochen die erste Hälfte des Vorschusses vorbei. Er hatte von der Rettungsaktion gelesen und sagte zu Fanlin: »Dieser kleine Papagei ist wirklich erstaunlich. Man sieht ihm gar nicht an, wie schlau er ist.« Er streckte die Hand nach Bori aus und lockte ihn mit dem Finger. »Komm her«, schmeichelte er, »du darfst mich auch vollscheißen.«

Fanlin lachte. Doch Bori rührte sich nicht, die Lider halb geschlossen, machte er einen verschlafenen Eindruck.

Dann erkundigte sich Elbert nach den Fortschritten der Komposition, an der Fanlin seit dem Vorfall mit dem Vogel nicht mehr gearbeitet hatte. Der Regisseur versicherte ihm, dass die Oper wie geplant zur Aufführung kommen werde. Fanlin versprach, sich mit doppeltem Elan ans Werk zu machen.

Brooklyn

Robert Hershon

Brooklyn Bridge, andere Richtung

Ich gehe über die Brücke
falsche Richtung, richtiger Moment.
Die Touristen laufen auf Manhatten zu,
um die Skyline zu sehen, Reiseführer in den Händen.
Ja, *Fräulein*, ich mache gern
ein Foto von Ihnen allen
und flitze dann mit Ihrer Hasselblad davon
aber ich bin zu alt und zu langsam für diesen Tagtraum
also schlage ich Haken durch
die Händchenhalter und wilde Radler
und sehe mich kein einziges Mal nach der Stadt um
habe nur die Docks und Uhren von Brooklyn im Blick
die digitale Beharrlichkeit der Zeugen Jehovas,
die Uhr im Turm des Lagerhauses,
die nicht laufen sollte, es aber doch tut,
die idiotische viktorianische Uhr oben
auf der klassizistischen Borough Hall, dem altem Rathaus,
ein schöner Reibach für den Bruder irgendeines Bürger-
meisters.
In Brooklyn hat jeder
eine unsichtbare Lunchbox dabei.
Ich habe diese Brücke vor langer Zeit gekauft
und jetzt bin ich fast zu Hause.

In einer Wolke Knochen aus Stahl.

Charles Reznikoff, Die Brücke

Harvey Shapiro

Gedanken auf einer Bank in Brooklyn

Ich war allein auf der Promenade
gegenüber der gewaltigen Stadt. Sportboote
schneiden weiße Spuren ins Wasser.
Die Dame mit der mattgrünen Lampe
an diesem mattgrünen Nachmittag.
Ein Boot der Circle Line sieht rüstig aus,
wie es den Fluss hinab zur Brücke eilt,
und der alte Raddampfer vom
South Street Seaport mäandert
an Battery vorbei. Ein Tag, für den du
nicht verantwortlich bist, an dem
du wie ein Rentner im Schatten sitzen und
dich fragen kannst, wo alles hin ist – die Frau,
die Kinder, die Arbeitsjahre. Bedeckt
von den Wassern des East River. Kein Fluss,
ein Gezeitenbecken, und jetzt kommt die Flut,
mit voller Wucht, bedrohlich, und sucht nach mir.

Jonathan Lethem
Der Brooklyn-Spinner

Mit dem Brooklyn-Spinner habe ich mich das erste Mal an der U-Bahn-Station Bergen Street unterhalten, als wir beide aus der G-Linie stiegen, um auf die F-Linie zu warten, die uns tiefer nach Brooklyn hineintragen sollte. Der Mann war klein, trug einen fadenscheinigen braunen Anzug und ein schmuddeliges Hemd. Auf seinem Kopf saß eine blaue Baseballmütze mit einem B drauf, die Schrifttype erinnerte an die obsoleten Brooklyn Dodgers. Der Schirm der Mütze fehlte und machte sie zu einer Art Dodgers-Kippa. »Können Sie mir sagen, wie spät es ist?«, fragte er. Ich konnte und tat es. Es war Viertel nach drei. »In Manhattan gibt es Bahnhofsuhren«, erklärte er. »Hier in Brooklyn sind wir offenbar zweitklassig; unsere Termine und Geschäfte sind nicht so wichtig, also ist auch unser Wunsch zu wissen, wie spät es ist, belanglos.« Ich nickte bloß und musste schmunzeln. Seine Feststellung verdutzte. Wieso gab es auf den Bahnhöfen Brooklyns weniger Uhren? Was sagte das? Der Brooklyn-Spinner wechselte das Thema. »Wussten Sie, dass die G-Linie als einzige im ganzen Streckennetz nie die Insel Manhattan berührt?« Ich schüttelte den Kopf. »Die jämmerlichste Bahn im ganzen Verbund«, fuhr er fort. »Sie hat einen Minderwertigkeitskomplex. Man sollte sie einmal im Jahr auf einer anderen Route nach Manhattan schicken, damit sie auch mal Größe schnuppern kann.« Ich signalisierte mit einem Grinsen, dass ich seinen Sarkasmus goutierte. »Nur wirft das eine ontologische Frage auf«, fuhr er zu meiner Überraschung fort. »Wenn die G-Linie nach Manhattan gelangt, ist sie dann noch die G-Linie? Vielleicht ist ihre Nichtinselberührung ein Wesensmerkmal.« Ich zuckte mit den Achseln; darauf gab es keine

Antwort. »Oder nehmen Sie die *Village Voice*«, sagte der Brooklyn-Spinner. »In Manhattan wird sie kostenlos verteilt, in Brooklyn zahlen wir dafür einen Dollar fünfundzwanzig. Unser Interesse ist den Inserenten offenbar weniger wert. Vielleicht, wenn wir mehr Bahnhofsuhren hätten und wüssten, wie spät es ist, wären wir effizienter und würden auch das verfügbare Einkommen generieren, um uns Pilates-Trainer und Telefonsex leisten zu können.« Mir schien die Schlussfolgerung des guten Mannes anfechtbar, aber ich widersprach nicht. Die F-Linie kam, wir stiegen ein. Ich entfernte mich unauffällig, fand einen Sitzplatz und vertiefte mich in meine Zeitung. Der Brooklyn-Spinner blieb an der Tür stehen. Nach der Station Carroll Street fährt die Linie F oberirdisch weiter, und als wir ins Sonnenlicht aufstiegen, drehte er sich zu mir um und winkte mich zu sich. »Kommen Sie, schauen Sie.« Ich konnte mich schlecht weigern, also stand ich auf und trat an die Tür. »Nehmen Sie den Turm der Williamsburg Savings Bank«, sagte er, »unseren einzigen Wolkenkratzer. Was für eine nackte Skyline mit nur diesem einen bescheidenen Pimmel. Manhattan ist ein Stachelschwein, ein Kristalllüster, eine Riesenplatine. Brooklyn ist eine runtergelassene Hose mit mickriger Erektion. Es sollte mich wundern, wenn sie nicht eines Tages vor Scham in sich zusammenfiele.« Ich lachte leise, aber die Miene des Brooklyn-Spinners verfinsterte sich. »Und so viele Zahnärzte«, sagte er. »Leerstehende Büros. Man kriegt sie für drei-, vierhundert Dollar im Monat. Ich kenne einen Klempner, der mietet Räume, nur um sein Werkzeug zu lagern.« Er wurde nachdenklich. »Mein Zahnarzt hatte auch mal seine Praxis dort, ist lange her. Dr. Theodore Schemella. Wird längst tot sein. Als Kind habe ich eine Zahnspange getragen; ich musste zu ihm in die Praxis hoch, und dann hat er unter größter Anstrengung die Bänder nachgespannt. Ich weiß noch genau, dass seine Ellbogen dabei zitterten wie beim Armdrücken.« Wir überquerten jetzt den Gowanus-Kanal, Brooklyns Achsel; er nahm keine Notiz. »Hier sind die Stützen unnötig hoch, finden Sie nicht?«, fragte der Brooklyn-Spinner nach einer kurzen Pause. Er hatte recht; es war mir zwar noch nie aufgefallen, aber die F-Linie schwingt sich auf dem Teilstück nach Park Slope tatsächlich unerklärlich weit über Straßenniveau hoch. »Phantastischer Blick nach Manhattan«, bemerkte der Brooklyn-Spinner bitter. »Das ist die einzig mögliche Erklärung. Die Steigung hält uns die Insel noch mal gehörig vor die Nase, ehe wir in unsere armseligen Hütten zurückkehren. Sie breitet Brooklyn wie einen liederlichen Körper am Boden vor uns hin; Manhattan in der Ferne wie himmlische Banner. Das wollen sie uns ein letztes Mal unter die Nase reiben, ehe wir ins Dunkel zurücksinken.« Der Brooklyn-Spinner packte meinen Arm.

Das Herz pocht
Mitten unter ihnen zu sein, den Häusern,
Die roten Häuser von Red Hook!
Scheunenrot die Fähren auf ihren gewundenen Bahnen
Und die Gezeiten von Buttermilk Channel
Ziehen vorüber an Brooklyns Eisengeschäften

Und den Häusern,
Die alternden Wohnungen
Der Arbeiter. Es ist ein Gefühl der Ordnung
Und von Gefahr. Die essentielle Stadt,
Zwangsläufig die Stadt
Zwischen diesen Hafenwegen immer noch sichtbar.

George Oppen, *Auge des Touristen*

Paul Auster

Auggie

Auggie und ich kennen uns jetzt seit fast elf Jahren. Er arbeitet als Verkäufer in einem Zigarrengeschäft an der Court Street in Brooklyn, und da dies der einzige Laden ist, der die kleinen holländischen Zigarren führt, die ich so gerne rauche, komme ich ziemlich oft dort vorbei. Lange Zeit habe ich kaum einen Gedanken an Auggie Wren verschwendet. Für mich war er nur der seltsame kleine Mann im blauen Sweatshirt mit Kapuze, der mir Zigarren und Zeitschriften verkaufte, der schelmische, witzelnde Typ, der immer etwas Komisches über das Wetter, die Met oder die Politiker in Washington zu sagen hatte, und das war auch schon alles.

Aber dann blätterte er vor einigen Jahren eines Tages in seinem Laden eine Zeitschrift durch und stieß dabei zufällig auf eine Rezension eines meiner Bücher. Dass ich es war, sagte ihm ein Foto neben der Rezension, und danach änderten sich die Dinge zwischen uns. Ich war für Auggie nicht mehr nur ein Kunde unter anderen, ich war zu einem Mann von Rang geworden. Die meisten Leute hatten keinerlei Interesse an Büchern und Schriftstellern, aber wie sich herausstellte, hielt Auggie sich selbst für einen Künstler. Nachdem er das Rätsel um meine Person geknackt hatte, begrüßte er mich wie einen Verbündeten, einen Vertrauten, einen Kampfgenossen. Mir war das, ehrlich gesagt, ziemlich peinlich. Und dann kam fast unvermeidlich der Augenblick, da er mich fragte, ob ich bereit sei, mir seine Fotografien anzusehen. In Anbetracht seiner Begeisterung und seines guten Willens brachte ich es einfach nicht übers Herz, nein zu sagen.

Weiß Gott, was ich erwartet habe. Auf alle Fälle nicht das, was Auggie mir dann am nächsten Tag gezeigt hat.

In einem kleinen fensterlosen Hinterzimmer des Ladens öffnete er eine Pappschachtel und zog zwölf völlig gleich aussehende schwarze Fotoalben daraus hervor. Dies sei sein Lebenswerk, sagte er, und er brauche nicht mehr als fünf Minuten am Tag dafür. In den letzten zwölf Jahren habe er jeden Morgen um Punkt 7 Uhr an der Ecke Atlantic Avenue und Clinton Street gestanden und jeweils aus genau demselben Blickwinkel ein Farbfoto aufgenommen. Das Projekt umfasst inzwischen über viertausend Fotografien. Jedes Album repräsentierte ein anderes Jahr, und sämtliche Bilder waren der Reihe nach eingeklebt, vom 1. Januar bis zum 31. Dezember, und unter jedes einzelne war sorgfältig das Datum eingetragen.

Als ich in den Alben herumblätterte und Auggies Werk zu studieren begann, wusste ich gar nicht, was ich denken sollte. Anfangs hatte ich den Eindruck, dies sei das Seltsamste, das Verblüffendste, was ich je gesehen hatte. Die Bilder glichen sich aufs Haar. Das ganze Projekt war ein betäubender Angriff von Wiederholungen, wieder und wieder dieselbe Straße und dieselben Gebäude, ein anhaltendes Delirium redundanter Bilder. Da mir nichts dazu einfiel, schlug ich erst mal weiter die Seiten um und nickte voll geheuchelter Anerkennung. Auggie schien ungerührt, er sah mir mit breitem Lächeln zu, aber nachdem ich ein paar Minuten so herumgeblättert hatte, unterbrach er mich plötzlich und sagte: »Sie sind zu schnell. Wenn Sie nicht langsamer machen, werden Sie nie dahinterkommen.«

Er hatte natürlich recht. Wer sich keine Zeit zum Hinsehen nimmt, wird niemals etwas sehen. Ich nahm ein anderes Album und zwang mich, bedächtiger vorzugehen. Ich achtete genauer auf Einzelheiten, bemerkte den Wechsel des Wetters, registrierte die mit dem Fortschreiten der Jahreszeiten sich ändernden Einfallswinkel des Lichts. Schließlich vermochte ich subtile Unterschiede im Verkehrsfluss zu erkennen, den Rhythmus der einzelnen Tage vorauszuahnen (das Gewühl an Werktagen, die relative Ruhe der Wochenenden, den Kontrast zwischen Samstagen und Sonntagen). Und dann begann ich ganz allmählich die Gesichter der Leute im Hintergrund zu erkennen, die Passanten auf dem Weg zur Arbeit, jeden Morgen dieselben Leute an derselben Stelle, wie sie einen Augenblick ihres Lebens im Blickfeld von Auggies Kamera verbrachten.

Sobald ich sie wiedererkannte, begann ich zu erforschen, wie ihre Haltungen von einem Morgen zum anderen wechselten; ich versuchte, aus diesen oberflächlichen Anzeichen auf ihre Stimmungen zu schließen, als ob ich mir Geschichten für sie ausdenken könnte, als ob ich in die unsichtbaren, in ihren Körpern eingeschlossenen Dramen eindringen könnte. Ich nahm mir ein anderes Album vor. Jetzt war ich nicht mehr gelangweilt, nicht mehr verwirrt wie am Anfang. Auggie fotografierte die Zeit, wurde mir klar, sowohl die natürliche Zeit als auch die menschliche Zeit, und dies bewerkstelligte er, indem er sich in einem winzigen Winkel der Welt postierte und ihn in Besitz nahm, einfach indem er an der Stelle, die er sich erwählt hatte, Wache hielt. Auggie sah mir zu, wie ich mich in sein Werk vertiefte, und lächelte vergnügt in sich hinein. Und dann zitierte er, schier als hätte er meine Gedanken gelesen, eine Zeile aus Shakespeare. »Morgen, morgen und dann wieder morgen«, murmelte er leise, »kriecht so mit kleinem Schritt die Zeit von Tag zu Tag.« Und da begriff ich, dass er ganz genau wusste, was er tat.

Bill Nowell

Gras in New York

Ein Samstagnachmittag in Brooklyn. Hier draußen sieht alles immer ein bisschen anders aus: Tätowierte und gepiercte Eltern defilieren mit ihren Kinderwagen auf und ab, wählerische, versnobte Hipster kaufen im inzwischen gentrifizierten Williamsburg ein, und es gibt praktisch mehr Hunde als Menschen. Selbst mitten in einer Rezession hat diese Gegend noch allen Gelüsten, allen Vorhaben, allen Geschmäckern etwas zu bieten. Das alte, von Graffiti und Wandgemälden übersäte Gebäude auf der anderen Straßenseite wurde abgerissen, damit an derselben Stelle eine Whole-Foods-Filiale gebaut werden kann. Selbst Hipster essen bio. Ich sehe Lily an, den Hund meiner besten Freundin, der sich neben mir zusammengerollt hat und mich mit seinem winzigen Fünf-Kilo-Körper wärmt, und frage mich, was in aller Welt uns wohl fehlen sollte.

»Gras«, sagt Half-Pint, so der liebevolle Spitzname meiner gerade knapp anderthalb Meter großen Komplizin. »Eine große, fette Tüte fehlt uns, aber ich fürchte, ich habe nichts mehr da!« Normalerweise hatte sie das Zeug in allen möglichen Ecken versteckt: in Schmuckschatullen, alten Tassen, im Tiefkühlfach, was weiß ich. Aber die Verstecke waren allesamt leer, und so tat sie das, was jeder anständige New Yorker tut, wenn die Vorräte zu Ende gehen: Sie griff zum Telefon und bestellte was. In New York kann man sich alles, aber auch wirklich alles nach Hause liefern lassen. Und der vielleicht zuverlässigste Lieferservice der Stadt, die niemals schläft, bringt (ironischerweise) ausgerechnet das, was sie braucht, um runterzukommen: Marihuana.

Innerhalb kürzester Zeit – thailändisches Essen hätte länger gedauert – steht Half-Pints Dealer vor der Tür, Bill. Er sieht aus, wie man in Williamsburg eben aussieht: Flanellhemd, hautenge Jeans, Springerstiefel, rechteckige Hornbrille. Half-Pint umarmt ihn, als wäre er ihr Held, und bittet ihn herein. Als er anfängt zu reden, bin ich mir ziemlich sicher, dass er schwul ist, aber das kann man hier nie so ganz genau wissen. Bill setzt sich zu mir auf das Sofa und öffnet seinen Rucksack voller Leckereien. Er breitet seine kleinen Plastikdosen auf dem Couchtisch aus, alle sorgfältig beschriftet. Dieser Typ meinte es wirklich ernst mit dem Gras. Und er kannte sich mit seiner Ware aus.

»Du magst doch normalerweise so mittelhigh, ohne Fressattacken, aber auch ohne das Gefühl, am liebsten in Ohnmacht zu fallen, oder? Das hier ist gerade reingekommen, von einer Farm in der Nähe, ausschließlich ökologischer und nachhaltiger Anbau, einfach großartig. Seht ihr diese lila Fasern hier?« Wir nickten andächtig.

»Das sind Mikrofasern, die der Pflanze neben einem unglaublich vollen Geschmack auch ihren Namen geben: Purple Kush. Wirklich sehr erdig und vollmundig, vor allem als Joint gerollt, aber auch köstlich in der Wasserpfeife.« Ganz offensichtlich kannte er seine Kundin gut.

»Wir hätten aber auch ein paar deiner anderen Favoriten auf Lager«, sagte er und zeigte auf die restlichen Dosen. »Diese Lieferung P Louie ist besonders gut, schön dynamisches High mit einer Grapefruit-Note, passt wunderbar zu einem guten Glas Rosé. AK-47 und Northern Lights #5 eignen sich für ein eher zweckmäßiges, albernes High, Sour Diesel hat einen herrlichen Apfelgeschmack. Beide machen sich hervorragend mit einem schönen Cocktail. Alles von Öko-Anbietern, und wir bewegen uns hier auch in derselben Preisklasse.«

Vollkommen baff angesichts der Auswahl und Fachkenntnis des Mannes sehe ich Half-Pint an, aber sie wirkt komplett unbeeindruckt. »Wir nehmen fünfzehn Gramm vom ersten, Purple Kush! Du weißt halt immer, was ich mag, Bill.« Bill holte seine tragbare Waage hervor, wog ab, zeigte ihr die genaue Menge, und der Tausch war perfekt. Noch ein bisschen Smalltalk, und Bill zog weiter, und das Sofa gehörte wieder uns. Während sie redete, hatte Half-Pint geschickt und unauffällig einen Joint gedreht. Nachdem sie ein paarmal daran gezogen hatte, reichte sie ihn mir herüber. Ich nahm einen Zug, inhalierte tief, hielt die Luft an und atmete langsam aus.

»Diese Mikrofasern schmeckt man wirklich raus ... ökologischer Anbau, keine Frage!«, sagte ich, und beide brachen wir in Gelächter aus, ein so unbändiges Gelächter, dass uns die Bäuche wehtaten. »So, und jetzt bestellen wir uns eine Pizza!«

Dinaw Mengestu
Endlich zu Hause

Mit einundzwanzig zog ich nach Brooklyn, in der Hoffnung, dass dies der letzte Umzug in meinem Leben sein würde – dass ich im Laufe der Zeit, wenn sich Erinnerungen und Besitz anhäuften, ganz selbstverständlich auf Brooklyn verweisen würde, wenn man mich fragte: »Und, woher kommen Sie?« Wie meine Eltern und vor ihnen ihre Eltern wurde ich in Äthiopien geboren, doch wäre es eine Lüge, wenn ich behauptete, ich *sei* aus Äthiopien, denn ich war gerade erst zwei Jahre alt, als ich das Land nach einem Militärputsch und anschließendem Bürgerkrieg verließ, wodurch ich die Sprache und alle unmittelbaren Erinnerungen an die Familie und die Kultur, in die ich hineingeboren wurde, längst verloren habe. Ich bin einfach Äthiopier, ohne das unerlässliche »aus«, das unsere Identität und unsere Herkunft in letzter Instanz bestätigt.

Seit ich Addis Abeba 1980 verließ, habe ich in Peoria, Illinois, einem Vorort von Chicago, gelebt und dann, bis zu meinem Umzug nach Brooklyn, in Washington D.C., der inoffiziellen Hauptstadt der äthiopischen Einwanderer. Als ich nach Brooklyn kam, interessierte es mich kaum, wo ich eigentlich gelandet war. Ich war gerade mit dem Studium fertig und hatte genug von den ewigen Auseinandersetzungen darüber, dass ich nicht »schwarz genug« war, ein Vorwurf, der mir ebenso zusetzte wie früher die Kämpfe auf Schulfluren und an Straßenecken, die nur ausgetragen wurden, weil ich schwarz war. Ich wollte an etwas glauben, einfach ich selbst sein, sagen können, dass ich in Brooklyn wohnte und dass Brooklyn mein Zuhause war. Erst als ich den Mietvertrag für die Wohnung unterschrieben hatte, erfuhr ich, wie das

Viertel hieß, in das ich gezogen war: Kensington, ein wahrhaft hoheitsvoller Name zu einem Preis, den ich mir leisten konnte, mit anderen Worten, der ideale Ort für einen armen Schriftsteller voller Erwartungen, der ganz hoch hinaus wollte und nicht wusste, wohin er gehörte.

Kaum vier Wochen nach dem Einzug war ich fast alle Straßen von Kensington abgelaufen und hatte mir in einem ersten Versuch der Assimilierung ihre genaue Lage und das jeweilige Straßenbild eingeprägt. Diese Spaziergänge waren ein Echo der Vergangenheit, die bewusste Wiederholung der Gepflogenheiten meines Vaters, die ich übernommen hatte, um meine innere Leere zu vertreiben. Meine Wahl war auf diese Stadt gefallen, weil ich hier keine engen persönlichen Beziehungen hatte und sie mir daher als der geeignete Ort erschien, meinen Platz auf der Welt neu zu bestimmen und dauerhaft zu festigen. Wenn ich eine körperliche Bindung zu Kensington aufbaute, die Farben aller Hausfassaden in einem Straßenabschnitt so verinnerlichte, dass ich sie im Geiste ganz genau wiedergeben konnte, würde ich damit zeigen, dass ich in diesem Viertel zu Hause war, und niemand könnte mir mehr sagen, wer ich war oder dass ich nicht hierher gehörte.

Mein täglicher Weg zur Linie F führte mich jeden Morgen vorbei an einem lateinamerikanischen Restaurant und Gemüseladen, einem chinesischen Fischhändler, einem Halal-Schlachter und schließlich an einer Reihe von pakistanischen und bangladeschischen Imbiss-Restaurants. Mit der Zeit fand ich heraus, dass man in diesen Restaurants an der Ecke Church und McDonald für fünf Dollar Biryani mit Lamm oder Hühnchen bekam, in so üppigen Portionen, dass es für den ganzen Tag reichte und in Zeiten finanzieller Not sogar für zwei. Ebenso fand ich heraus, dass die Ware für den Schlachter und das Fischgeschäft gewöhnlich angeliefert wurde, wenn ich unterwegs zur U-Bahn war. Wenn ich es nicht eilig hatte, blieb ich fast immer stehen und starrte fasziniert auf die hängenden Kalb- und Lammkadaver in den Kühlwagen oder auf die frischen Barsche und Welse, die in den spärlich gefüllten Behältern gerade genug Wasser zum Überleben hatten.

Schnell wurde ich zum glühenden Kensington-Fan, und ich sah das Viertel und meinen Platz darin als Symbol einer großen Geschichte der Einwanderer. Aus meiner Leidenschaft heraus versprach ich den paar Freunden, die ich mit der Zeit gefunden hatte, einen »Kensington-Abend« zu veranstalten, bestehend aus Lamm-Biryani für fünf Dollar und Budweiser für zwei Dollar im Denny's, der einzigen richtigen Bar in der Gegend – ein ehemaliger irischer Pub mit fürchterlich schummriger Beleuchtung und Sitznischen aus Holz. Ich löste mein Versprechen jedoch nie ein, unter anderem ganz sicher deswegen, weil ein Abend mit billigem südasiatischen Essen und Bier nicht ausgereicht hätte, um anderen Leuten die ganz besondere Beziehung zu vermitteln, die ich zu dem Viertel entwickelt hatte. Ich wusste genau, zu welchen Uhrzeiten der Muezzin zum Gebet in die Moschee rief, die einen Block von meiner Wohnung entfernt lag. Jeden Morgen, Nachmittag und Abend hörte ich seinen Ruf in meinem Schlafzimmer, und die Erfahrung lehrte mich, dass es, wenn ich gerade schrieb, besser war, eine Pause einzulegen und ihm voller Bewunderung zu lauschen. Der Vater meines Vermieters, ein alter grauhaariger Chinese, der kein Englisch sprach, lächelte mir nach einiger Zeit regelmäßig zu, wenn ich das Hause verließ oder zurückkam, so wie ich mir angewöhnte, ihm jedes Mal, wenn wir uns begegneten, möglichst höflich auf Mandarin Hallo zu sagen. Die Männer am Tresen der bangladeschischen Imbisse kannten mich inzwischen vom Sehen. Einige häuften ab und zu heimlich einen Extraschlag Gemüse oder Reis in die Pappbox zum Mitnehmen, vielleicht aus Sorge, ich würde nicht genug essen. Besonders einer, der ungefähr in meinem Alter war, kaum Englisch sprach und mich mit einem strahlenden Lächeln empfing, wenn ich das Restaurant betrat, gab mir kostenlos süßen Tee und Brot, eine Geste, die ich als Zeichen deutete, dass ich mir, zumindest für ihn, meinen Platz an diesem Ort verdient hatte, so unbedeutend dieser Platz auch sein mochte.

Anstatt also mit Freunden im kalten Neonlicht eines Restaurants mit Kantinencharme zu sitzen, spazierte ich jeden Abend zwischen sporadischen Schreibattacken still durchs Viertel. Kensington war bei Nacht nicht schöner als bei Tag, und vielleicht gab mir dieser fehlende Glanz die nötige innere Gelassenheit, um abends alleine durch die Straßen zu ziehen. Die zufällige Mischung aus Einwanderern hatte aus Kensington einen Ort gemacht, an dem sich selbst jemand wie ich, der überall, wo er hinging, mit seiner Hautfarbe und seiner Identität konfrontiert wurde, unauffällig unter die Leute mischen konnte.

Auf dem Nachhauseweg kehrte ich unweigerlich zurück zu der Reihe von völlig gleich aussehenden Restaurants an der Ecke Church und McDonald. An warmen Abenden, hatte ich festgestellt, war dies der ideale Ort, an dem man nicht nur staunend beobachten konnte, wie sehr sich Kensington durch die jüngste Einwanderungswelle verändert hatte, sondern auch, was jede einzelne der engen Gemeinschaften, die im Laufe der Geschichte den Weg nach Brooklyn fanden – ob ihre Leute nun vor über hundert Jahren aus Europa gekommen waren oder vor einem Jahrzehnt aus Afrika, Asien oder der Karibik –, bieten konnte: ein zweites Zuhause. Dort, an jener Straßenecke vor den fünf konkurrierenden südasiatischen Restaurants mit nahezu identischem Angebot, versammelten sich jeden Abend Dutzende von pakistanischen und bangladeschischen Männern, um aus Pappbechern Chai zu trinken. Sie unterhielten sich stundenlang, dicht zusammengedrängt in Grüppchen, die sich vermutlich teilweise daraus ergaben, welchem Restaurant sie die Treue hielten. An manchen Abenden saß ich in einem der Restaurants und sah ihnen mit einem Buch als künstlichem Requisit von einem Tisch in der Ecke aus zu. Es starrten immer ein paar Männer zu mir herüber, offensichtlich neugierig, was ich dort zu suchen hatte. Ich wohnte zwar im selben Viertel, aber bei abendlichen

Zusammenkünften wie diesen war ich ein Fremder, ein Tourist. An anderen Abenden holte ich mir einen Becher Tee, stellte mich ein wenig abseits an den U-Bahneingang oder die Bushaltestelle und beobachtete sie stumm vom Rand des Bürgersteigs. Ich hatte solche Szenen gemeinschaftlichen Lebens schon oft gesehen, vor allem während meiner Zeit in Washington, wo es, egal in welchem Stadtteil, immer eine Gruppe von Äthiopiern meines Alters oder älter zu geben schien, die vor einer Bar oder einem Café standen und sich mit einer Leichtigkeit in fließendem Amharisch unterhielten, dass ich sie gleichermaßen bewunderte und beneidete. Sie erzählten sich Witze, die niemandem erklärt werden mussten, und diskutierten über seit Jahrzehnten ungelöste Fragen. Diese Begegnungen waren erfüllt vom tröstlichen, vertrauten Klang unserer Heimatsprache. Ohne Zögern hätten sie dir jederzeit sagen können, woher sie kamen. Obwohl ich kaum ein Wort verstand, sah ich ihnen gebannt zu, in der diffusen Hoffnung, dass ich durch die gedankliche Verbindung und den Akt des Beobachtens irgendwie in ihre Mitte gezogen würde.

Die Szene, die sich hier an der Straßenecke in Brooklyn abspielte, war ganz ähnlich, und obwohl wir aus unterschiedlichen Kulturen stammten, eine andere Geschichte hatten, war sie mir doch vertraut. Die Männer an der Straßenecke in Kensington waren wie fast alle Leute, die ich im Leben kennengelernt hatte, Immigranten im vollkommenen Sinne des Wortes – noch immer treu mit den Ländern verbunden, die sie vor einem, fünf oder zwanzig Jahren verlassen hatten. Am meisten bewunderte ich, dass es ihnen gelungen war, hier in Brooklyn wenigstens einen Teil des Lebens zu reproduzieren, das sie zurückgelassen hatten, als sie ihre Ursprungsländer verließen. Anders als die einsamen Spaziergänge, die mein Vater und ich unternahmen, jeder schweigend in seinen ziellosen Gedanken versunken, handelte es sich bei diesen nächtlichen Versammlungen von Pakistanern und Bangladeschern um eine improvisierte Inszenierung von Zuhause.

Ein Stück weiter die Straße hinunter befanden sich die wenigen Überreste der älteren jüdischen Gemeinde im Viertel – eine Synagoge, ein koscheres Deli –, der Beweis, sofern man einen solchen brauchte, dass Brooklyn sich ständig neu erfindet, dass hier genügend Platz für uns alle ist.

Während sich immer mehr Männer zu der geräuschvollen Versammlung gesellten, die sich schließlich bis hinaus auf die Straße erstreckte, spielte ich wieder einmal die gewohnte Rolle des stillen neidischen Beobachters und heimlichen Bewunderers. Ich weiß nicht, worüber die Männer sich unterhielten, ob über Politik, Sex oder über belanglose Probleme bei der Arbeit. Das spielte auch keine Rolle. Der Inhalt der Gespräche ging nur sie etwas an und interessierte mich nicht. Sie hatten mir gezeigt, warum ich Kensington so liebte, mir gegeben, wonach ich gesucht hatte: die Bestätigung, dass wir uns und unsere Gemeinschaften immer wieder erneuern können, nicht zuletzt, weil es in Brooklyn seit jeher Straßenecken wie diese gibt. Es war leicht nachzuvollziehen, warum ich Abend für Abend hierher zurückkehrte – um mich daran zu erinnern, dass es ein Leben gab, das unabhängig von der Umgebung weiterbesteht; um mich, so lächerlich es sein mag, dem Gefühl hinzugeben, dass auch ich einen Ort hatte, an dem ich hing.

Queens

Wenn man's in New York nicht findet, existiert es nicht, heißt es. Vieles von dem, was man vielleicht sucht, findet sich in Queens; die Bewohner bringen mit, was sie wollen, und lassen den Rest zu Hause. In dieser Hinsicht ist Queens eine wirksame Amerika-Tinktur; man kann alles haben, was man will, und muss sich um den Rest nicht scheren. In Elmhurst bietet die Queens Center Mall – eine amerikanische Mall mit allem Drum und Dran – Übersetzungen in über fünfundvierzig Sprachen.

Buzz Poole

Suketu Mehta
Jaikisan Heights

Nachdem ich mit meinen Eltern nach New York umgezogen war, bekam ich das Gefühl, mit Bombay ein Organ meines Körpers verloren zu haben. Ich glaubte, als ich Bombay verließ, sei ich der schlimmsten Schule der Welt entronnen. Doch das war ein Irrtum. Die katholische Knabenschule, die ich nun in Queens besuchte, war noch schlimmer. Wir lebten in einer Enklave, einem weißen Arbeiterviertel, in das immer mehr Einwanderer aus dunkleren Ländern eindrangen. Ich war einer der ersten Angehörigen einer Minderheit, die sich in der Schule einschrieben, ein Vertreter jener Schichten, welche die Einheimischen nach Möglichkeit fernzuhalten versuchten. Kurz nachdem ich in die Schule eingetreten war, kam ein Junge mit roten Locken und Sommersprossen in der Mittagspause auf mich zu und sagte: »Lincoln hätte die Sklaven lieber nicht befreien sollen.« Die Lehrer nannten mich einen Heiden. Im Schuljahrbuch erschien unter einem Foto von mir die Bildunterschrift: »Es wirkt – auch wenn ich es mal einen Tag vergesse« – eine Anspielung auf eine Deodorant-Werbung. So sah man mich also in der Schule: als einen stinkenden Heiden, der den beißenden Geruch seiner heimischen Küche ausdünstete. An dem Tag, an dem ich das Abschlusszeugnis erhielt, trat ich hinaus durch die von Stacheldraht umrankten Tore, drückte meine Lippen auf den Gehsteig und küsste den Boden aus Dankbarkeit.

In Jackson Heights näherten wir uns wieder Bombay an, mein bester Freund Ashish und ich. Auch Ashish war im Alter von fünfzehn Jahren mit seinen Eltern von Bombay nach New York gekommen. Die schönsten Stunden verlebten wir an jenen Nachmittagen, an denen wir uns im Eagle Theater Hindi-Filme anschauten. Früher hatte es Earle Theater geheißen und war ein Pornokino gewesen. Auf derselben Leinwand, die früher von gigantischen Penissen ausgefüllt worden war, die sich in Monstervaginas gruben, flimmerten jetzt mythologische Darstellungen des blauhäutigen Gottes Krishna; in diesen Filmen wurde keine einzige bloße Brust und nicht einmal ein Kuss gezeigt. Wahrscheinlich war das Kino gründlich gereinigt worden. Dennoch musterte ich aufmerksam die Sitze, bevor ich mich hinsetzte.

In diesen Filmen bekam ich gelegentlich mein früheres Wohnhaus zu Gesicht, das Dariya Mahal. Wir sprachen »Bambaiyya«-Hindi, mein Freund Ashish und ich, wenn wir in der U-Bahn über andere Leute reden oder unseren Lehrern in der Schule Flüche an den Kopf schleudern wollten – Bombay-Hindi. Das wurde die Sprache der Sabotage. Man konnte auch gut Witze machen in dieser Sprache; es war die Sprache von Jungs. Wir tranken und fluchten auf Hindi. Wir zogen durch die Straßen von Jackson Heights, Ashish, dessen Nachbar Mitthu und ich, und sangen Hindi-Lieder aus den siebziger Jahren, der Zeit, als man uns von zu Hause entführt hatte; wir reisten zurück mit Musik, der billigsten Fluglinie. In den Frühlingsnächten trug uns die laue Luft Nachrichten von zu Hause zu, aus der Vergangenheit, die auf Gujarati *bhoot-kal* genannt wird – Geisterzeit. In einer dieser Nächte hielt ein Polizeifahrzeug neben uns an. Die Cops stiegen aus. »Was macht ihr hier?«, wollten sie wissen. »Nichts.« Drei junge Männer aus Gujarat auf der Straße, die verdächtige Lieder sangen. »Wisst ihr, dass wir euch wegen Herumlungerns verhaften könnten?« Wegen dieses Vergehens konnte man tatsächlich ins Gefängnis kommen: Herumlungern zur Geisterzeit. Wir gingen weiter und warteten, bis das Polizeiauto verschwunden war, dann fingen wir wieder an zu singen, wodurch sich das unwirtliche, schroffe Jackson Heights verwandelte, weicher wurde, vertrauter und sich in Jaikisan Heights verwandelte.

Dies war für mich die härteste Phase meines Exils, als ich von Kräften, die stärker waren als ich, daran gehindert wurde, nach Hause zurückzukehren. Es war etwas anderes als Nostalgie, die bloß dem Wunsch entspringt, der Linearität der Zeit zu entfliehen. Auf der Rückseite eines Schulhefts legte ich einen Kalender an; der Frühling hatte begonnen. Mein Vater hatte mir versprochen, oder ich glaubte es zumindest, dass er mich nach meinem Junior-Jahr in den Sommerferien nach Bombay schicken werde. Jeden Morgen strich ich den vorhergehenden Tag ab und zählte die verbleibenden Tage, wie eine Gefängnisstrafe. Am Abend war ich froh, dass wieder ein Tag in Amerika vorbei war und ich meiner Befreiung einen Tag näher gekommen war. Dann, am letzten Schultag vor Beginn der Ferien, eröffnete mir mein Vater, dass er mich nicht nach Indien schicken könne. Er werde mich erst im nächsten Jahr reisen lassen, wenn ich meinen Abschluss hatte. Ich war am Boden zerstört.

Ich war in New York, aber ich lebte in Indien, und immer wieder unternahm ich kleine Reisen mit dem Zug der Erinnerung. Die Felder in der Abenddämmerung. Vögel, die am Himmel heimwärts fliegen, du hältst mit dem Wagen am Straßenrand und steigst aus. Du nimmst Kleinigkeiten wieder wahr: den Formenreichtum des knorrigen Peepal-Baums am Straßenrand, die Ameisen, die um ihn herumlaufen. Du suchst dir eine Lücke im Gebüsch, hebst den Kopf und schaust. Es ist warm und eng und feucht; du fühlst dich wieder beschützt. Hier siehst du keine Menschen, nicht auf den Feldern, nicht vor der Hütte, die in der Ferne sichtbar ist. In der Stadt wartet das Essen, im Haus deiner Tante, aber du willst hier bleiben, allein über die Felder streifen, in die Hütte des Bauern eintreten, ihn um etwas Wasser bitten und dich erkundigen, ob du einige Tage in diesem Dorf verbringen kannst. Ein paar lästige Fliegen schwirren um deinen Kopf; du versuchst, gleichzeitig zu pinkeln und sie zu verscheuchen, wodurch du dir die Schuhe einsaust. »*Bhenchod*«, sagst du.

Ich vermisste es, »*bhenchod*« zu Leuten sagen zu können, die dieses Wort verstanden. Es bedeutet nicht »Schwesternficker«. Das wäre zu wörtlich, zu derb. Es ist vielmehr eine Unterstreichung, die Steigerung eines vergleichsweise harmlosen Wortes wie »Scheiße« oder »verdammt«. Die verschiedenen Landstriche Indiens kann man danach unterscheiden, wie dieses Wort dort ausgesprochen wird – von »*bhaanchod*« im Punjab über das kurze »*pinchud*« in Bombay-Hindi und »*bhenchow*« in Gujarat bis zu dem langgezogenen »*bhen-ka-lowda*« in Bhopal. Die Parsen verwenden es ständig, Großmütter und Fünfjährige gleichermaßen, beiläufig und ohne erkennbaren Sinn oder als Füllwort: »He, *bhenchod*, bring mir ein Glas Wasser.« »Arre, *bhenchod*, ich bin heute zu dieser Bhenchod-Bank gegangen.« Als Junge bemühte ich mich, an meinem Geburtstag den ganzen Tag lang nicht zu fluchen. Ich gelobte zusammen mit den Kindern der Jainas: Wir werden weder das B-Wort noch das M-Wort gebrauchen.

In meinem ersten New Yorker Winter, als ich eine Schaumstoffjacke trug, die mir meine Eltern aus Bombay mitgebracht hatten und die meine Körperwärme, statt sie zu halten, ungefiltert an die Atmosphäre abgab, den eisigen Wind auf meinem kilometerlangen Schulweg hingegen bis zu meinen Knochen durchdringen ließ, entdeckte ich, dass ich mich etwas wärmen konnte, wenn ich dieses Wort herausschrie. Wenn mir der Wind und die Schneewehen entgegenschlugen, brüllte ich mit gesenktem Kopf: »*Bhenchod! Bheyyyyn-chod!*« Der Weg zur Schule führte durch ruhige Wohnstraßen, und die älteren irischen, italienischen und polnischen Mitbürger in Queens, die tagsüber zu Hause waren, müssen an besonders kalten Tagen dieses Wort gehört haben, das ein kleiner brauner Junge, alles andere als wetterfest angezogen, vor sich hin schrie.

Colson Whitehead
JFK

Es ist Zeit zu gehen.

Alles ist gepackt. Alle notwendigen Dokumente sind sicher in Taschen und Beuteln verstaut. Die Zeit ist so rasch vergangen. Nimm dir einen Moment Zeit, um zurückzublicken und zu bedauern, was du alles nicht unternommen hast, wo du überall nicht gewesen bist. Was du nicht gesehen hast. Nimm es dir für das nächste Mal vor.

Immer vorausgesetzt, es ist noch da, wenn du endlich wiederkommst.

Manchmal verschwinden Dinge.

Der Flughafen ist einer von vielen bequem erreichbaren Ausgängen. Von den schönen Terminals aus kann man überall auf der Welt hinfliegen. Die Namen der Fluggesellschaften sortieren sie nach Bestimmungsorten. Schlurfe mit und tu, was man dir sagt. Bloß eine Frage der Zeit, bis du zu Hause bist.

Nimm deinen Platz ein.

Wenn du über diese Tour redest – und das wirst du tun, weil es eine erstaunliche Reise war und du vieles erlebt hast, weil es Hochs und Tiefs gab, weil dich manchmal das Glück verlassen hat und du oft nur in letzter Minute davongekommen bist, weil es wirklich eine tolle Sache war –, wirst du deine Freunde bestätigend nicken sehen. Das erinnert mich an, werden sie sagen, und: Ich weiß genau, was du meinst. Sie wissen, wovon du redest, noch bevor dir die Worte über die Lippen kommen.

Über New York zu reden ist eine Art und Weise, über die Welt zu reden.

Wach auf. Mit einem Schauder endlich aus dem Traum gerissen. Unmöglich, dass dieses Riesending abgehoben hat. Diese groteske Missgeburt mit unmöglichen Flügeln.

Wie wir manchmal flattern. Mach es dir für die Reise bequem und vergiss. Bitte vergiss. Versuch, nach und nach zu vergessen, dann erträgst du es leichter. Lass es hinter dir. Dann legt sich das Flugzeug auf seiner Flucht schräg, und über dem grauen Flügel kommt schlagartig die Stadt mit ihrer ganzen Weite, ihren Türmen, ihrem undurchdringlichen Gedränge in Sicht, und während du diesen Anblick zu begreifen versuchst, wird dir klar, dass du eigentlich gar nicht dort gewesen bist.

Editorische Notiz

»Über New York zu reden ist eine Art und Weise, über die Welt zu reden«, schreibt Colson Whitehead in dem kurzen Text, mit dem dieses Buch endet. Das liegt unter anderem daran, dass die Welt in New York zu Hause ist.

Der Wunsch, möglichst viel von den Facetten New Yorks in dieser Anthologie zu versammeln, war von vornherein zum Scheitern verurteilt. Allein mit Texten über, sagen wir, den Central Park oder die puerto-ricanische *community* ließe sich problemlos ein ganzes Buch füllen. Da diese *Literarische Einladung* also auf Vollständigkeit nicht hoffen darf, seien hier wenigstens die Kriterien genannt, auf deren Grundlage die Auswahl getroffen wurde. Geografisch: Alle fünf Boroughs (Stadtteile) New Yorks sollten berücksichtigt werden, mit einem Schwerpunkt auf Manhattan und Brooklyn. Das Buch möchte als literarischer Reiseführer funktionieren können, bestimmte Gegenden, Gebäude, Straßenzüge sollten daher so erkennbar wie möglich sein. Thematisch: Es wird kaum verwundern, dass auch die Liste der »typischen« New Yorker Themen, die *nicht* berücksichtigt sind, ungleich länger ist als diejenige der tatsächlich auftauchenden Motive (Subway und Brownstones, Wohnverhältnisse im Allgemeinen, Kakerlaken im Besonderen, Restaurants, Gentrification, 9/11 und vieles mehr). Biografisch: Die Autorinnen und Autoren, bekannte wie unbekannte, sollten mindestens eine »beträchtliche Zeit« in New York verbracht haben, was nicht nur relativ ist, sondern auch von einer Ausnahme, Ha Jin, unterlaufen wird. Das Gleiche gilt für die Vorgabe, dass die Texte nach 1945 erschienen sein sollten – wie könnte man auf A. J. Liebling und Charles Reznikoff verzichten?

Am Ende ist dieses Buch *eine* von zahllosen Möglichkeiten, diesen »Wolkenkratzer, der sich ständig im Bau befindet« (so Eliot Weinberger einmal), zu lesen. Denn nicht nur die Stadt, auch ihre Literatur wird wohl niemals stillstehen.

Beatrice Faßbender

Zu den Autoren und Quellen

W. H. Auden, geboren 1907 in York, England, starb 1973 in Wien. – *Hoffentlich auf Wiedersehen* (*I'll Be Seeing You Again, I Hope*; gekürzt), erschienen am 18. März 1972 in der *New York Times* © Estate of W. H. Auden. Übersetzt von Beatrice Faßbender.

Paul Auster, geboren 1947 in Newark, New Jersey, lebt in Brooklyn. – *Auggie* (*Auggie Wrens Weihnachtsgeschichte,* 1990; gekürzt), zuerst in: »Wo liegt Amerika? Die besten Erzähler von Ernest Hemingway bis Jonathan Franzen« © 1991, 2008 Rowohlt Verlag GmbH, Reinbek bei Hamburg. Übersetzt von Werner Schmitz.

Paul Beatty, geboren 1962 in Los Angeles, lebt in New York. – *Harlem, Empire State* (Titel der Hrsg.) aus »Tuff«. Alfred A. Knopf, New York 2000 © Paul Beatty 2000, by permission of The Wylie Agency (UK) Limited. Übersetzt von Robin Detje.

Maeve Brennan, geboren 1917 in Dublin, Irland, starb 1993 in New York. – *Die Sixth Avenue zeigt ihr wahres Gesicht* (1961) aus »New York, New York. Kolumnen« © Steidl Verlag, Göttingen 2012. Übersetzt von Hans-Christian Oeser.

Joseph Brodsky, geboren 1940 in Leningrad, starb 1996 in Brooklyn. – *New Yorker Wiegenlied* (*New York Lullaby*; o. J.) aus »Collected Poems in English«. Farrar, Straus & Giroux, New York 2000 © 2000 by the Estate of Joseph Brodsky. Übersetzt von Beatrice Faßbender.

Teju Cole, 1975 in Kalamazoo, Michigan, geboren, aufgewachsen in Nigeria, lebt in Brooklyn. – *Chinatown* (Titel der Hrsg.) aus »Open City« © Teju Cole 2011, für die deutsche Ausgabe Suhrkamp Verlag, Berlin 2012. Übersetzt von Christine Richter-Nilsson.

Michael Cunningham, geboren 1952 in Cincinnati, Ohio, lebt in New York. – *In die Nacht hinein* aus »In die Nacht hinein« © 2010 Luchterhand Literaturverlag, München, in der Verlagsgruppe Random House GmbH. Übersetzt von Georg Schmidt.

Don DeLillo, geboren 1936 in der Bronx, lebt in New York. – *Falling Man* aus »Falling Man« © Verlag Kiepenheuer & Witsch GmbH & Co. KG, Köln 2012. Übersetzt von Frank Heibert.

Nora Ephron, geboren 1941 in New York, aufgewachsen in Kalifornien, starb 2012 in New York. – *Harry und Sally* (Titel der Hrsg.) aus dem Drehbuch zu »When Harry Met Sally«. Alfred A. Knopf, New York 1989. © Nora Ephron. Übersetzt von Beatrice Faßbender.

Allen Ginsberg, geboren 1926 in Paterson, New Jersey, starb 1997 in New York. – *Mein trauriges Ich* (1964) aus »Jukebox Elegien. Gedichte aus einem Vierteljahrhundert. 1953–1978« © Carl Hanser Verlag, München 1981. Übersetzt von Bernd Samland.

Michael Greenberg, geboren 1952 in New York, wo er auch lebt. – *Nachtschicht* aus »Betteln, Borgen, Stehlen. Aus dem Leben eines Schriftstellers in New York« © 2009 by Michael Greenberg, 2010 by Hoffmann und Campe Verlag, Hamburg. Übersetzt von Hans-Christian Oeser.

Ha Jin, geboren 1956 in Jinzhou, China, lebt in Boston, Massachusetts. – *Papagei über Bord* (Titel der Hrsg.; 2009; gekürzt) aus »A Good Fall« © Arche Literatur Verlag, Zürich. Übersetzt von Susanne Hornfeck.

Helene Hanff, geboren 1917 in Philadelphia, Pennsylvania, starb 1997 in New York. – *Sommer im Central Park* (Titel d. Hrsg.; 1979) aus »Briefe aus New York« © 1992 by Helene Hanff, 2004 by Hoffmann und Campe Verlag, Hamburg. Übersetzt von Susanne Höbel.

Robert Hershon, geboren in Brooklyn, wo er auch lebt. – *Brooklyn Bridge, andere Richtung* (*Brooklyn Bridge the Other Way*; 2000) aus »The German Lunatic« © 2007 by Robert Hershon, by permission of Hanging Loose Press. Übersetzt von Beatrice Faßbender.

Langston Hughes, geboren 1902 in Joplin, Missouri, starb 1967 in New York. – *Guten Morgen* (*Good Morning*; 1951) aus »The Collected Poems of Langston Hughes«. Alfred A. Knopf, New York 1994 © 1994 by The Estate of Langston Hughes. Übersetzt von Beatrice Faßbender.

Jonathan Lethem, geboren 1964 in Brooklyn, wo er auch lebt. – *Der Brooklyn-Spinner* (1999) aus »Jetlag Café. Geschichten für schlaflose Träumer und rastlose Reisende«, S. Fischer, Frankfurt am Main 2011 © Jonathan Lethem. Übersetzt von Uda Strätling.

A. J. Liebling, geboren 1904 in New York, wo er 1963 auch starb. – *Wir beginnen mit dem Leichenbestatter (Beginning With the Undertaker)* aus »City Life«, hrsg. von Oscar Schoenfeld und Helene MacLean. Grossman, New York 1969 © The Estate of A. J. Liebling, by permission of The Wylie Agency (UK) Limited. Übersetzt von Joachim Kalka.

Bill Loehfelm, geboren 1969 in Brooklyn, aufgewachsen in Staten Island, wohnt in New Orleans, Louisiana. – Auszug aus dem Roman

»Fresh Kills«. G. P. Putnam's Sons, New York 2008 © Bill Loehfelm 2008. Übersetzt von Beatrice Faßbender.

Colum McCann, geboren 1965 in Dublin, Irland, lebt in New York. – *Hochseil* (Titel der Hrsg.) aus »Die große Welt« © 2009 Rowohlt Verlag GmbH, Reinbek bei Hamburg. Übersetzt von Dirk van Gunsteren.

Don McNeill, geboren 1944 in Tacoma, Washington, starb 1968 in Monroe, New York. – *Die Third Street wird geschrubbt* (*Third Street Scrub*; 1967) aus »Moving Through Here«. Alfred A. Knopf, New York 1970 © Don McNeill. Übersetzt von Beatrice Faßbender.

Suketu Mehta, geboren 1963 in Kolkata, Indien, lebt in New York. – *Jaikisan Heights* (Titel der Hrsg.) aus »Maximum City« © Suketu Mehta 2004, für die deutsche Ausgabe Suhrkamp Verlag, Frankfurt am Main 2006. Übersetzt von Anne Emmert, Heike Schlatterer und Hans Freundl.

Dinaw Mengestu, geboren 1978 in Addis Abeba, Äthiopien, lebt in Paris. – *Endlich zu Hause (Home at Last)* aus »Brooklyn Was Mine«, hrsg. von Chris Knudsen und Valerie Steiker. Riverhead Books, New York 2008 © Dinaw Mengestu 2014. Übersetzt von Volker Oldenburg.

Bill Nowell lebt in New York. – *Gras in New York* (*Weed in New York*, 2011) erschien auf Deutsch erstmals in der Zeitschrift *Cicero* im Herbst 2011 © Bill Nowell. Übersetzt von Beatrice Faßbender.

Frank O'Hara, geboren 1926 in Baltimore, Maryland, starb 1966 auf Fire Island, New York. – *Einen Schritt von ihnen entfernt* (*A Step Away From Them*; 1964) aus »Lunch Poems«. City Lights, San Francisco 2014 © Maureen Granville-Smith. Übersetzt von Beatrice Faßbender.

George Oppen, geboren 1908 in New Rochelle, New York, starb 1984 in Sunnyville, Kalifornien. – *Auge des Touristen* (Ausschnitt; 1962) aus »Die Rohstoffe« © Luxbooks, Wiesbaden 2012. Übersetzt (und für diese Ausgabe durchgesehen) von Norbert Lange.

Grace Paley, geboren 1922 in New York, starb 2007 in Thetford, Vermont. – *Ein Baumrätsel* (*An Arboreal Mystery*; o. J.) aus »New and Collected Poems«. Tilbury House, Gardiner 1992 © The Estate of Grace Paley. Übersetzt von Beatrice Faßbender.

Buzz Poole lebt in Queens. – Zitat aus »Forgotten Borough. Writers Come to Terms With Queens«, hrsg. von Nicole Steinberg. State University of New York Press, New York 2011 © Buzz Poole. Übersetzt von Beatrice Faßbender.

Richard Price, geboren 1949 in der Bronx, lebt in New York. – *Nachtfischen auf der Delancey. 23 Uhr* (gekürzt) aus »Cash« © 2008 by Richard Price, S. Fischer Verlag, Frankfurt am Main 2010. Übersetzt von Miriam Mandelkow.

Lou Reed, geboren 1942 in Brooklyn, starb 2013 in Southampton, New York. – Das Zitat stammt von Lou Reed (als *Man with Strange Glasses*) in Paul Austers Film *Blue in the Face* (1995).

Charles Reznikoff, geboren 1894 in Brooklyn, starb 1976 in New York. – *Die Brücke* (1941) aus »Paul Auster entdeckt Charles Reznikoff«. Europa Verlag, Hamburg 2001 © für die Übersetzung Andrea Paluch und Robert Habeck. *Stadt* (*City*) und *Frühmorgens im Park* (*Dawn in the Park*; beide 1941) aus »The Poems of Charles Reznikoff. 1918–1975«, hrsg. von Seamus Cooney. Mit freundlicher Genehmigung von Black Sparrow Books, Imprint of David R. Godine, Publisher, Inc. © 2005 by Charles Reznikoff, edited by Seamus Cooney. Übersetzt von Beatrice Faßbender.

Mark Russ Federman, geboren 1945 in der Lower East Side, lebt in New York. – *Russ & Daughters: Die hohe Kunst des* Schmoozens (*The Art of the Schmooze*) aus »Russ & Daughters. Reflections and Recipes from The House that Herring Built«. Schocken Books, New York 2013 © Mark Federman 2013. Übersetzt von Beatrice Faßbender. Russ & Daughters ist ein traditionsreiches Delikatessengeschäft in der Lower East Side.

David Sedaris, geboren 1956 in Binghamton, New York, lebt in West Sussex, England. – *Unser Küchenchef empfiehlt* (1998) aus »Ich ein Tag sprechen hübsch«, Haffmans Verlag, Zürich 2001 © David Sedaris 2014. *Unser Küchenchef empfiehlt* übersetzt von Georg Deggerich.

Harvey Shapiro, geboren 1924 in Chicago, Illinois, starb 2013 in Brooklyn. – *Gedanken auf einer Bank in Brooklyn (Meditation on a Brooklyn Bench)* aus »The Sights Along the Harbor. New and Collected Poems«. Wesleyan University Press, Middletown 2009 © Harvey Shapiro 1994. Übersetzt von Beatrice Faßbender.

Charles Simic, geboren 1938 in Belgrad, Serbien, lebt in New York. – *Paradies* aus »Grübelei im Rinnstein« © Carl Hanser Verlag, München 2000. Übersetzt von Jan Wagner.

Piri Thomas, geboren 1928 in New York, starb 2011 in El Cerrito, Kalifornien. – *Spanish Harlem Kid* (Titel der Hrsg.) aus »Down These Mean Streets«. Alfred A. Knopf, New York 1967 © Piri Thomas. Übersetzt von Miriam Mandelkow.

Judith Thurman, geboren 1946 in New York, wo sie auch lebt. – *Das alte Haus* (*This Old House*; gekürzt) erschien 2003 im *New Yorker* als Rezension einer Neuausgabe von »Bricks and Brownstones: The New York Row House, 1783–1929« von Charles Lockwood © Judith Thurman, by permission of The Wylie Agency (UK) Limited. Übersetzt von Susanne Höbel.

Calvin Trillin, geboren 1935 in Kansas City, Missouri, lebt in New York. – *Erinnerungen eines Axtmörders* (*Memories of an Axe Murderer*; gekürzt) aus »Family Man«. Farrar, Straus & Giroux, New York 1998 © Calvin Trillin. Übersetzt von Bernhard Robben.

Andy Warhol, geboren 1928 in Pittsburgh, Pennsylvania, starb 1987 in New York. – *New York von A bis B und zurück* (Titel der Hrsg.; 1975) aus »Die Philosophie des Andy Warhol von A bis B und zurück« © The Estate of Andy Warhol, by permission of The Wylie Agency (UK) Limited, für die deutsche Ausgabe Droemersche Verlagsanstalt Th. Knaur Nachf., München 1991. Übersetzt von Regine Reimers.

Eliot Weinberger, geboren 1949 in New York, wo er auch lebt. – *Die Vereinigten Staaten von New York* (*The United States of New York*; gekürzt). Vollständig erstmals erschienen unter dem Titel »Kaugummi mit hundert Aromen« im *ADAC Reisemagazin New York* (2011) © Eliot Weinberger. Übersetzt von Beatrice Faßbender.

Colson Whitehead, geboren 1969 in New York, wo er auch lebt. – *JFK* aus »Der Koloß von New York. Eine Stadt in 13 Teilen« © Carl Hanser Verlag, München 2005. Übersetzt von Nikolaus Stingl.

Tom Wolfe, geboren 1931 in Richmond, Virginia, lebt in New York. – *Kramer in der Bronx* (Titel der Hrsg.) aus »Fegefeuer der Eitelkeiten« © 1988 Kindler Verlag GmbH, München. Übersetzt von Benjamin Schwarz.

Die Herausgeberin

Beatrice Faßbender, geboren 1972 in Reinbek, lebt als Lektorin, Redakteurin und Übersetzerin in Berlin. Ihr erstes selbstverdientes Geld gab sie mit 19 Jahren für eine Reise nach New York aus. Sie hat zwar keinen Koffer, dafür aber ein Fahrrad in Manhattan.

Literarische Einladungen bei Wagenbach

Rio de Janeiro *Eine literarische Einladung*

Rio und seine Bewohner, die *cariocas*, empfangen die Welt demnächst nicht nur zur Fußball-WM und den Olympischen Spielen, sondern sind gastfreundlich zu jeder Zeit: Brasilianische Autoren stellen die Stadt unter dem Zuckerhut literarisch vor!

Herausgegeben von Marco Thomas Bosshard und Marcos Machado Nunes
SVLTO. Rotes Leinen. Fadengeheftet. 144 Seiten

London *Eine literarische Einladung*

Ein literarischer Streifzug durch eine coole und angesagte Metropole. Mit Texten von David Byrne, Alan Hollinghurst, Sadie Jones, Hanif Kureishi, Doris Lessing, Ian McEwan, Muriel Spark, Virginia Woolf und vielen anderen.

Herausgegeben von Ingo Herzke und Hans-Gerd Koch
SVLTO. Rotes Leinen. Fadengeheftet. 144 Seiten

Marseille und die Provence *Eine literarische Einladung*

Marseille, Frankreichs »Tor zum Mittelmeer«, war im Jahr 2013 Kulturhauptstadt Europas. Von griechischen Seefahrern um 600 v. Chr. gegründet, ist die coolere Schwester von Paris eine Einwandererstadt, ein Sehnsuchtsort bis heute: lebendig und widersprüchlich, ein bisschen wild und eigentümlich zeitgenössisch.

Herausgegeben von Daniel Winkler
SVLTO. Rotes Leinen. Fadengeheftet. 144 Seiten mit Abbildungen

Istanbul *Eine literarische Einladung*

In den vergangenen Jahren hat sich Istanbul rasant zu einer wirtschaftlich und kulturell prosperierenden Metropole entwickelt, in der weltoffene Kosmopoliten und strenggläubige türkische Muslime, zugewanderte Bauern aus Anatolien und Millionäre, Straßenhändler und gestresste Banker, enge Altstadtgassen und Moscheen, sechsspurige breite Straßen und Wolkenkratzer ihren Platz haben.

Herausgegeben von Manfred Heinfeldner und Börte Sagaster
SVLTO. Rotes Leinen. Fadengeheftet. 144 Seiten

New York erschien im Herbst 2014 als 208. *SVLTO.*

Wir bedanken uns bei den Autoren und Verlagen für die freundliche Genehmigung zum Abdruck (siehe Autoren- und Quellenverzeichnis).

2. Auflage 2016

Umschlaggestaltung Julie August unter Verwendung einer Fotografie © Jens Goerlich/Gallery Stock 2014. Gesetzt aus der Minion Pro. Einbandmaterial von Gebr. Schabert, Strullendorf, Vorsatzmaterial von peyer graphic GmbH, Leonberg.
Gedruckt und gebunden von der Druckerei Kösel in Krugzell.
Printed in Germany.

ISBN: 978 3 8031 1307 8

9 783803 113078

New York – Five Boroughs

1 Paul Auster
2 Michael Greenberg
3 Ha Jin
4 Helene Hanff
5 Robert Hershon
6 Jonathan Lethem
7 A. J. Liebling
8 Bill Loehfelm
9 Suketu Mehta
10 Dinaw Mengestu
11 Bill Nowell
12 George Oppen
13 Charles Reznikoff – *Die Brücke*
14 Harvey Shapiro
15 Colson Whitehead
16 Tom Wolfe

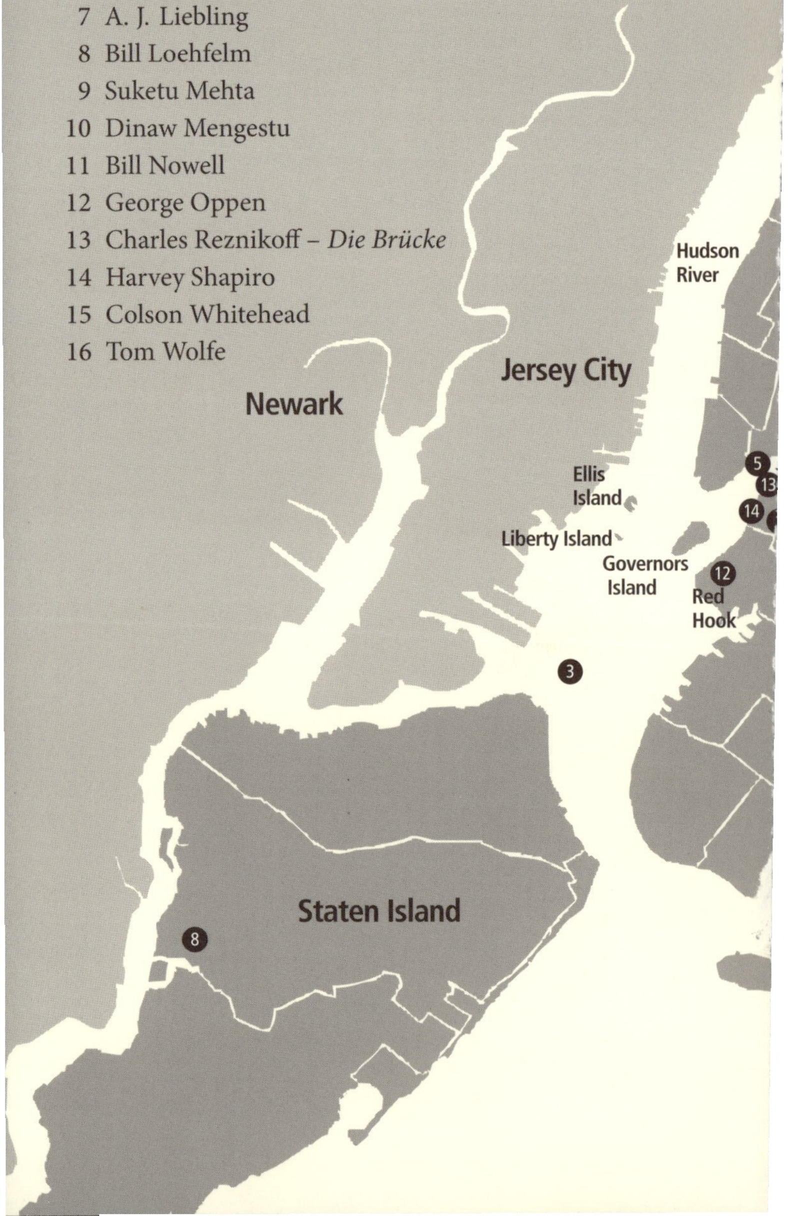